SÉJOUR

DE

DIX MOIS

EN

FRANCE,

PAR UN

ÉMIGRÉ,

QUI n'avoit pu sortir de TOULON en Décembre 1793, & ne s'est sauvé de France que par l'élargissement des Prisonniers de PARIS, en Août 1794.

Cet Intervalle est rempli par une foule d'Aventures intéressantes & singulières, qui peuvent donner une idée de l'Intérieur de la FRANCE, & des Mœurs de ses Habitans durant ce Période.

ON Y TROUVE

LA RELATION COMPLETTE DU SIÈGE DE LYON, L'HISTOIRE DE LA VENDÉE, ET CELLE DES CHOUANS.

PAR

LE COMTE DE C***.

A LONDRES:

De l'Imprimerie de T. SPILSBURY & FILS, *Snow-hill*;

Et se vend chez DE BOFFE, N° 7, Gerrard-Street, Soho; RICHARD WHITE, N° 173, Piccadilly; OWEN, N° 168, Piccadilly; WILLIAM CLARKE, N° 38, New Bond-Street; VERNOR, N° 10, Birchin-lane; & RICHARDSON, Royal Exchange.

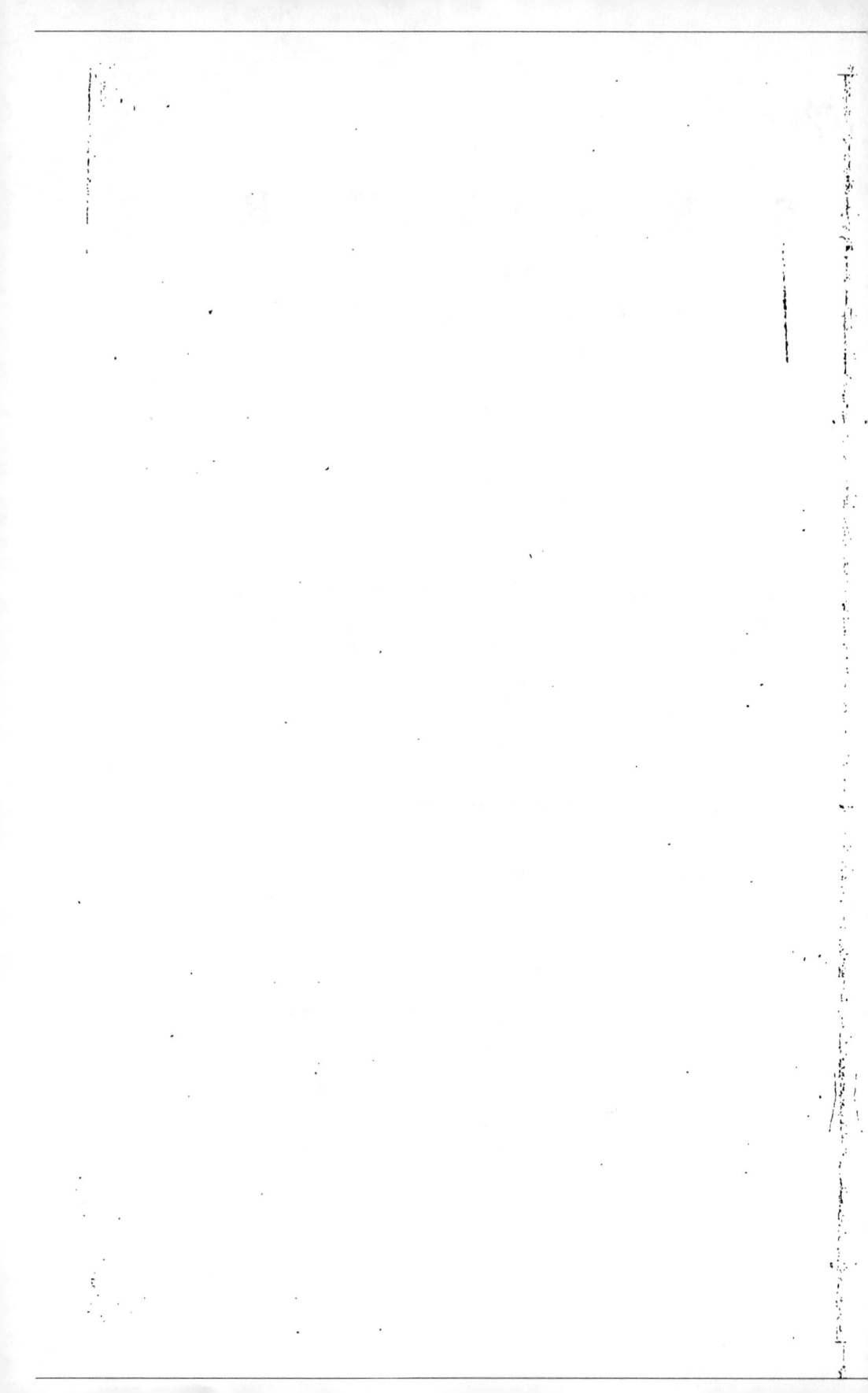

AVERTISSEMENT.

TOUS ceux qui liront ce Récit, ne manqueront pas de le prendre pour un Roman, tant il renferme de circonstances singulières, & d'événemens inattendus : je ne m'en fâcherai pas ; à leur place, j'en ferois autant, sans doute. Je leur observerai seulement que tout Emigré, ou proscrit, n'a pu vivre en France, sous le régime inquisitorial qui la gouverne, que par le secours d'événemens très-extraordinaires. Ce n'est que par des hasards à-peu-près incroyables, que quelques-uns d'entre eux ont pu reculer de quelques jours, le terme fatal de la guillotine ; & ce n'est que par une suite heureuse & continue de ces hasards, que j'ai pu y échapper tout-à-fait ; car s'ils avoient cessé un instant, j'aurois succombé comme les autres.

Qu'on veuille donc bien faire attention que, si mes aventures sont extraordinaires, c'est précisément parce qu'elles m'ont sauvé d'un danger plus qu'ordinaire & presque inévitable. Si elles n'eurent pas été ainsi, j'aurois péri, & je n'aurois rien à dire.

Au demeurant, je laisse chacun maître de penser ce qu'il voudra de mon Histoire : je n'ai point l'intention de forcer la croyance de qui que ce soit; & je déclare qu'en écrivant ceci, je n'ai point prétendu éclairer les Peuples, *ou* instruire les Cours; *mais* seulement essayer ma liberté, *& jouir des charmes de ma condition présente. J'ai fait précisément comme ce vieux Militaire qui, retiré au coin de son feu, se plaît à raconter l'histoire de ses batailles ;*

ou bien, encore, comme le Navigateur échappé du naufrage, qui, en arrivant au port, ne peut réfiſter au beſoin de parler de la tempête, & de toutes ſes horreurs.

Je déſire que ce Recueil, ſemé d'infortunes & de bonheur, puiſſe intéreſſer ceux qui le liront. Si, chemin faiſant, ils s'arrêtent avec plaiſir ſur quelques apperçus de l'intérieur de la France, ſur l'eſprit qui dirige ſes habitans, ſur les mœurs qui les gouvernent aujourd'hui ; enfin, s'ils ſont ſatisfaits de quelques détails curieux & peu connus, qui accompagnent mes Aventures, j'en ſerai ravi, j'aurai obtenu beaucoup plus que je ne m'étois promis.

J'aurois pu rendre ce Récit beaucoup plus inté-reſſant ſans doute, en publiant bien des choſes qui m'ont été confiées, & bien des faits qui ſe ſont paſſés ſous mes yeux ; mais c'eût été expoſer certaines per-ſonnes, & peut-être même certains intérêts très-chers : je me ſuis tû. J'ai auſſi ſupprimé ou déguiſé tous les noms, même le mien, par une ſuite des mêmes principes ; & je me ſuis contenté, preſque toujours, d'indiquer très-vaguement les lieux dont je fais men-tion. Chacun ſent la néceſſité d'une pareille meſure ; auſſi, je finis ſans me donner le ſoin de la juſtifier.

SOMMAIRES CONTENUS DANS CETTE PREMIÈRE PARTIE.

A

INTRODUCTION NÉCESSAIRE.

Quelques Détails fur la Famille & la Perfonne du Comte de C...—Sa première Emigration.

POUR faciliter l'intelligence complète de mon récit, je me vois contraint, malgré moi, d'entrer dans quelques détails préliminaires fur ma famille & fur ma perfonne. Qu'on me le pardonne, cela ne fera pas long.

Au milieu d'une des vallées riantes qui avoifinent à la fois trois riches & belles provinces, non loin des rives de la Loire, étoit un antique château, qui fut toujours la demeure de mes pères. C'eft là que je perdis de bonne heure ceux qui m'avoient donné le jour. Ils me laifsèrent dans cet âge tendre où l'on ne fent encore ni le bonheur de les poff**é**der, ni le chagrin de les perdre. Mais en expirant, leur follicitude prévint tous mes befoins, en me confiant aux foins d'un Gentilhomme leur voifin, qui fe trouvoit en même temps leur parent & leur ami. C'étoit un vieux Militaire qui, dans ces temps de corruption, retraçoit encore l'image

B

fidèle de nos anciens Preux. C'étoit la même droiture & la même loyauté ; le même amour pour la justice & la vertu ; le même dévouement à l'honneur & au courage, & sur-tout le même attachement pour son Prince & sa religion. En un mot, on retrouvoit en lui l'assemblage heureux de toutes les qualités aimables, qui caractérisèrent si long-temps l'époque brillante de l'ancienne Chevalerie.

Il avoit porté les armes, tant que ses forces avoient secondé son courage : aujourd'hui qu'il ne pouvoit plus défendre la patrie de son bras, il l'honoroit de ses vertus. Retiré sur son patrimoine, vivant heureux & paisible au milieu de vassaux fidèles, qu'il traitoit comme ses enfans, il leur donnoit le doux spectacle de la vie du Sage, & leur faisoit compter ses vieux jours, par ses bienfaits & leur bonheur.

Tel étoit l'ami précieux à qui mes parens avoient confié ma jeunesse : il en prit le soin le plus tendre ; & pour mieux assurer mon éducation & mon bonheur, il voulut être tout à la fois, mon Instituteur & mon père.

J'avois reçu du ciel un cœur sensible & une tête ardente. Mon vertueux Mentor, charmé de rencontrer un terrein si propre à la culture qu'il aimoit, fe plut à y femer de bonne heure, tous les germes chevalerefques dont il avoit conftamment fleuri fa refpectable carrière. Il s'efforça fur-tout de nourrir en moi, ce bel enthoufiafme qui paffionne pour la gloire, & conduit aux grandes & belles actions.

Il avoit une fille charmante ; & le feu célefte dont elle anima mon cœur prefque dès ma naif-fance, ou au moins long-temps avant ma raifon, développoit chaque jour avec fuccès des femences fi précieufes, & les faifoit profpérer à fon gré. Jamais je ne profitois plus des leçons du père, que quand je fus occupé davantage de ma tendreffe pour la fille. Elevés enfemble dès notre première enfance, accoutumés à partager fans ceffe les careffes paternelles, nous nous aimâmes long-temps avant de favoir ce que c'étoit que l'amour ; & nos bouches innocentes fe prodiguèrent les noms tendres de fœur & de frère, jufqu'au moment où nos cœurs plus inftruits foupirèrent après des titres plus chers & plus doux.

Qu'elle étoit belle, ma *Joféphine* ! [c'étoit fon nom] ; qu'elle avoit de charmes & de vertus !..... Ah ! fans doute on me difpenfe ici d'une peinture au-deffus de mes forces. On fent bien qu'un amant de mon naturel, ne doit rien trouver fur la terre de comparable à ce qu'il aime : auſſi j'épuiſerois tout ce que notre langue a de ſéduiſant & de riche, que je croirois n'avoir rien dit ; & jamais le froid portrait qui glaceroit mon papier, n'approcheroit de celui qui brûle mon cœur.

Son père, qui avoit toujours eu le projet de devenir auſſi le mien, avoit pris plaiſir à préparer lui-même, dès nos plus jeunes ans, cet amour innocent ſur lequel il avoit fondé ſes plus belles eſpérances. Il penſoit avec raiſon que ce ſentiment vif & tendre deviendroit pour nous, dans ſes mains paternelles, la ſource féconde de tout ce qu'il y a de beau, d'honnête, & de bon. Auſſi s'en ſervit-il avec ſuccès pour plier notre naturel à ſon gré ; & ce fut en employant avec adreſſe ce moyen toujours vainqueur, qu'il nous rendit conſtamment docile à ſa voix, & nous fit trouver des charmes dans tous nos devoirs.

Cependant nous arrivions au terme de notre éducation ; & notre ſage & bon inſtituteur crut qu'il étoit temps enfin, de couronner ſon ouvrage par la douce récompenſe que ſa tendreſſe nous deſtinoit depuis long-temps. Il nous fit approcher un jour avec grand appareil, & nous déclara ſolemnellement ſes intentions. Qu'on imagine notre bonheur & tous nos tranſports, quand nous l'entendîmes approuver notre amour, & nous promettre une union prochaine.

J'avois dix-fept ans, & Joféphine étoit à-peu-près du même âge ; ma fortune étoit confidérable, & la fienne ne l'étoit pas moins : ainfi nos années, nos biens, & nos cœurs, tout refpiroit lamême convenance. Je m'arrêtois quelquefois avec délices fur cet heureux accord des circonftances, qui me promettoit une vie pleine de félicité. Je la voyois toute compofée de beaux jours délicieufement écoulés, au milieu des affections & des jouiffances qui font le bonheur de la terre. Que j'étois loin alors, dans la douce contemplation d'un avenir fi fortuné, de penfer que tant de faveurs s'évanoui-roient comme un fonge !.... Ah ! qu'on juge fi le réveil a dû me paroître douloureux & terrible !

Déjà fix mois s'étoient écoulés depuis la douce promeffe de notre bon père, & mon cœur impa-tient n'avoit plus à compter que la feconde moitié du terme prefcrit à notre union, lorfqu'on vit pa-roître fur mon pays, cet orage fatal & perfide qui fembloit, à l'horifon, ne devoir qu'affurer de beaux jours, mais qui, en s'élevant, a détruit le bonheur de la France, & menace aujourd'hui celui du monde entier.

On doit fe rappeler qu'à-peu-près dans le même temps, une querelle férieufe divifa l'Angle-

térre & l'Espagne ; & que la France, fidèle à ses
engagemens, fit des préparatifs pour soutenir son
alliée. Je servois dans la marine, & j'avois déjà
fait, malgré ma jeunesse, plusieurs campagnes
au loin de l'Europe. Plein d'ardeur, & brûlant
de me signaler, je vis avec joie la guerre qui se
préparoit sur mon élément, & je voulus y être
employé des premiers. Nous avions dans notre
famille ce qu'on appeloit du crédit, aussi j'obtins
sans peine ce que j'avois désiré.

Mon Dieu ! comme les temps ont changé, &
combien les caractères en ont souffert ! A cette
époque heureuse où je n'avois encore éprouvé ni
chagrins, ni soucis, une aimable gaieté régnoit
dans toutes mes actions, & le doux sentiment
faisoit l'unique occupation de mon cœur. Je me
rappelle cette soirée charmante, où nous reçûmes
les ordres que j'avois sollicités. Dans les premiers
mouvemens de ma joie & de mon enthousiasme,
je voulus, pour rendre mes premières armes heu-
reuses, disois-je, recevoir l'accolade du *bon vieux
Chevalier*, & jurer foi & hommage entre les mains
de sa *Gente Damoiselle*. Il me semble encore me
voir aux pieds de ce bon père qui, attendri par sa
propre exhortation, termina cette plaisanterie
chevaleresque par me donner sérieusement sa sainte
bénédiction, tandis qu'ému moi-même par ses
paroles touchantes, transporté par les regards de

3

son adorable fille, je lui faisois serment, à genoux, d'être toujours digne de lui ; & j'attestois le Ciel, en baisant la main de Joséphine, qu'il suffisoit d'un de ses regards pour créer un héros.

O souvenir déchirant & doux ! En dépit des malheurs qui, depuis trois ans, endurcissent mon cœur, malgré les infortunes sans nombre qui doivent avoir épuisé ma sensibilité, je retrouve encore des larmes pour te pleurer. Mais non, oublions plutôt, rejetons au loin, s'il est possible, des choses.... des lieux.... des personnes.... hélas ! que je ne reverrai peut-être jamais !....

Je partis pour Toulon, qui étoit le lieu de ma destination, & j'y fus embarqué précisément sur un des vaisseaux qui, depuis, a échappé à l'incendie générale, & fait flotter encore aujourd'hui, sur les mers, le beau pavillon sans tache des anciens François.

Cependant la guerre ne se fit point : elle auroit pu produire une diversion salutaire à l'esprit séducteur qui menaçoit le sein de la France : la paix, au contraire, ne fit que redoubler sa rage & son activité. L'autel, le trône, furent sappés dans leur fondement, & dès-lors il fut aisé de prévoir que le royaume étoit perdu, si ses défenseurs n'opposoient la force à la force. Il restoit encore bien des François fidèles, mais leur dispersion faisoit leur foiblesse ; & le manque de chefs les réduisoit à la nullité. Dans cette extrémité cruelle, les plus ardens fongèrent à s'en procurer au dehors ; & la Cour de Turin devenue l'afyle du frère de notre Roi, fembla, dès cet inftant, devenir auffi le raf-femblement de ceux qui vouloient fauver leur pa-trie. Ils abandonnèrent leurs parens, leur état, leur fortune, & furent fe ranger autour de leurs Princes fidèles. Chacun admira, dans le temps, cette démarche généreufe & loyale : aujourd'hui, nos revers la font traiter par-tout de folle & d'in-confidérée... Ainfi va le monde, le fuccès eft toujours le dernier juge de la raifon. Ah ! fans doute, l'événement prouve qu'il étoit aifé d'adop-ter un plan plus heureux ; mais au moins, étoit-il impoffible de montrer un plus beau mouvement. Il s'accordoit trop avec les principes dont on m'a-voit nourri dès mon enfance, pour que je ne l'em-braffaffe pas avec tranfport. N'ayant que des traî-tres à frapper, des lâches à punir, une caufe fi pure s'embelliffoit encore à mes yeux de tout l'enthou-fiafme de l'amour & de la Chevalerie. Sauver mon Roi & ma Patrie ; me battre au nom de ma maî-treffe, étoient autant d'images qui faifoient tourner ma tête, & bouillonner mon fang. Auffi je ne balançai point un moment ; &, devenu libre par le défarmement de nos vaiffeaux, n'écoutant plus que l'honneur, la gloire & l'amour, je franchis les Alpes, & courus me rallier aux dignes compagnons que les mêmes fentimens avoient déjà raffemblés.

Le

Le Comte de C... reçu & employé à Toulon par les Anglois.—Evacuation de cette place.—Il ne peut en fortir.—Suite d'événemens heureux qui le fauvent de la profcription.—Il obtient un paffe-port pour aller en Suiffe.—Danger terrible qu'il rencontre à la frontière, & qui le force à changer fa marche.

L'Europe entière connoît nos malheurs ; elle fait quelle fut notre intention, nos projets, nos efpérances, & nos revers : ainfi je ne tracerai pas l'hiftoire de l'émigration ; je ne répéterai pas tous ces détails pénibles de calamités & d'infortunes : je dirai feulement, en peu de mots, qu'après avoir erré trois ans chez les nations voifines, reçu, tantôt en fugitif illuftre, tantôt en miférable vagabond ; après avoir traîné par-tout, durant ce temps, une exiftence incertaine & pénible, applaudi, confidéré des uns ; maudi, humilié par d'autres ; après avoir été mille fois à la veille de manquer de tout, & de périr de défefpoir, je me retrouvai tout-à-coup dans un état convenable à ma condition préfente.

J'étois en Italie, lorfque Toulon ouvrit fes portes aux Anglois ; on me permit d'y entrer, & l'on m'y donna même, dans le fervice de l'artillerie, qui ne m'étoit point étranger, un emploi avantageux & flatteur. Qu'on apprécie bien tout le bonheur de

C

ma pofition nouvelle, qui me rendoit en un moment cette confidération, cette aifance, & ces douceurs, qui depuis fi long-temps m'étoient incon-
nues. Hélas! il fuffit trop fouvent d'un fourire
de la fortune, pour enivrer un malheureux. Auffi,
dans les premiers tranfports de ma joie, je ne dou-
tois plus qu'elle ne fe lafsât enfin de nous perfé-
cuter; je croyois appercevoir déjà le terme prochain de tous nos maux; je calculois d'avance le
moment heureux où le calme fuccéderoit à tant
d'orages; & mon imagination trop facile, me
laiffoit entrevoir encore les beaux jours qui m'é-
toient deftinés. Eh quoi! étoit-il donc fi dérai-
fonnable de me repaître de fi douces efpérances?
Je regardois autour de moi, & je ne voyois que
des fuccès affurés. La flotte & le port de Toulon
étoit dans nos mains; les Efpagnols, nos alliés
fidèles, vainqueurs fous les murs de Perpignan,
menaçoient, de leur côté, cette place, qui achevoit
de nous livrer tout le midi de la France : à l'autre
extrémité du royaume, vers les rives du Rhin, une
province entière fubiffoit le joug d'une armée
chaque jour victorieufe, & promettoit bientôt des
paffages faciles : à l'occident, les Royaliftes triom-
phans, à la veille de s'unir aux Anglois, préfentoient des fuccès bien plus rapides encore. Ainfi,
la France entamée de toutes parts, déchirée au
dedans par les malheurs de l'anarchie, affoiblie

par les diffentions, la famine, & la mort, fembloit ne plus laiffer aucun doute fur le prochain retour de fes malheureux habitans détrompés, & fur le châtiment terrible de leurs féroces tyrans.

Qu'on cherche, qu'on fe rappelle des temps fi changés, & qu'on me dife fi je n'ai point tracé le tableau fidèle de notre fituation politique, au mois de Décembre 1793. Par quelle magie donc a-t-il fallu qu'il difparût foudain comme un fonge? Le génie fatal qui préfide à nos infortunes, n'a fait que paroître; &, par-tout, prefqu'au même temps, un revers terrible a pris la place du fuccès attendu. On eût dit que tant d'efpérances n'avoient brillé un moment, que pour rendre notre défefpoir plus vif & plus fenfible.

La reprife de Toulon, au moment où nous nous croyions le plus à l'abri, fut comme le fignal d'une fcène nouvelle. On diroit qu'un charme puiffant attachoit nos fuccès à fon fort; ils finirent tous avec fa chûte : on n'a plus vu depuis que des revers.

Chacun connoît cette évacuation fameufe; ainfi qu'on n'attende pas de moi une relation nouvelle de ce trifte événement, non plus que mon opinion fur les caufes qui l'ont amené. Quoique jeune encore, l'expérience commence à me rendre fage.

Je guéris chaque jour de l'avidité du blâme, & sur-tout de l'inconséquente manie de trouver à tout, des motifs ridicules & coupables. Les malheurs m'aigriffent contre la fortune, & non contre les hommes. Je trouve plus fimple, & fur-tout plus prudent, d'en attribuer la caufe à cette irréfiftible deftinée qui confond fi fouvent la fageffe humaine, & que les anciens difoient commander même aux Dieux.

Quoi qu'il en foit, j'étois à une des redoutes avancées de la partie orientale, la nuit même où notre fort fe décidoit dans l'extrémité oppofée. Quelque temps avant le jour, nous reçûmes ordre d'évacuer notre pofte, & de nous replier dans la ville. En y arrivant, j'appris le projet fatal de l'évacuation générale : mon défefpoir peut aifé-ment fe comprendre. Je courus raffembler mes amis, qui me forcèrent d'abandonner mon uni-forme, & de lui fubftituer un coftume de pillage & de défordre : cette heureufe précaution me fauva la vie. Les ennemis intérieurs commençoient à remuer dans la ville, & menaçoient d'inquiéter notre retraite. Nous nous dépêchâmes de recueillir nos effets les plus précieux, & nous nous mîmes en marche vers le port : c'eft là que je fus témoin du fpectacle le plus affreux peut-être qu'ait jamais fupporté la terre.

On avoit mis le feu, prefqu'en même temps, à tous les vaiffeaux, les magafins & les arfenaux. La conflagration étoit fi terrible, que la nature entière en fembloit dérangée : on ne diftinguoit ni ciel ni terre, & la mer n'étoit plus qu'une vafte étendue de feu : c'étoit l'image de l'enfer. Il étoit devenu difficile de juger des objets & des diftances, & l'on ne pouvoit plus fupporter la chaleur de l'atmofphère ; mais c'eft encore là peu de chofe auprès de ce qui me refte à décrire. La ville & le port de Toulon fe trouvent dans un enfoncement circulaire, dont les deux branches fe prolongent à droite & à gauche, par deux finuofités irrégulières, & finiffent par fe confondre à leur extrémité. Les républicains s'étoient déjà rendus maîtres de prefque toute la partie droite. L'incendie étoit devenu pour eux un point de mire affuré, & ils faifoient pleuvoir fur nous un déluge continuel de bombes, de grenades, & de boulets. Les Alliés, de leur côté, établis encore fur la partie gauche, avertis que l'infurrection fe manifeftoit déjà derrière eux, faifoient un feu terrible fur la ville, pour contenir les mécontens, & protéger l'embarquement. Cependant on fe révoltoit dans l'arfenal, on fe révoltoit dans la ville ; & déjà on fe fufilloit de tous côtés. Un défordre épouvantable régnoit fur le port ; la frayeur faifoit tout refluer vers cet endroit. On voyoit de tous côtés

des meubles amoncelés fur le rivage, des groupes
d'hommes & de femmes qui couroient au hafard,
& fe heurtoient fans réflexion. Des cris continus
rempliffoient les airs, & des hurlemens redoublés
venoient par-tout augmenter l'horreur de ce
fpectacle, que le pétillement de l'incendie, le
craquement des décombres, & le mugiffement
des vagues enflammées, achevoient de completter
de la manière la plus effroyable.

Une multitude de bateaux couvroit la mer &
s'agitoit fur fa furface ; les plus diligens avoient
déjà quitté le rivage, & forçoient de rames pour
fe fauver plus promptement : on en voyoit une
longue file fe perdre dans le lointain, & indiquer
par fa continuité la route vers l'efcadre ; d'autres
fe rempliffoient & s'éloignoient à mefure. Parmi
ceux-ci, les uns, trop chargés, couloient à l'inftant,
& couvroient la mer de débris, tandis que d'autres
qui ne l'étoient pas affez, fe trouvoient pourfuivis
par des gens qui fe jetoient à l'eau, en implorant
leur fécours.

Voilà la fcène affreufe qui s'ouvrit devant moi,
lorfque je débouchai fur le quai, portant un enfant
dans mes bras, & traînant plufieurs femmes éper-
dues.

Nous nous jetâmes dans un bateau, au moment où il pouffoit au large ; mais à peine avoit-on donné quelques coups d'avirons, que j'éprouvai ce qu'il m'eft certainement impoffible de décrire. Tout-à-coup, je me fentis violemment déplacé de mon fiége ; il me fembla que je me débattois dans le feu ; l'air qui m'entouroit étoit devenu matériel, & tous mes membres éprouvoient un choc univerfel ; je croyois traverfer rapidement des efpaces immenfes. Cependant mes yeux s'étoient fermés ; mes idées s'affoiblif--foient, & une détonnation terrible acheva de m'ôter toute connoiffance. Voilà, en peu de mots, le fouvenir confus que m'a laiffé ce phénomène extraordinaire, auffi prompt que la penfée. Ma dernière idée fut, je m'en fouviens, que je finiffois de vivre, & que tout ce bouleverfement n'étoit autre chofe que le paffage de la mort. J'ai fu depuis, que c'étoit l'explofion d'un vaiffeau chargé de poudre, qui a fait périr beaucoup de monde, & probablement, hélas ! mes amis, dont de n'ai pu retrouver jufqu'ici la moindre trace.

J'ignore le temps que dura mon anéantiffement, ainfi que le hafard miraculeux auquel je dois la vie. Mais quand je rouvris les yeux, je me trouvai pêle-mêle parmi des meubles, dont il eft extraordinaire que je n'aie pas été étouffé. Je n'avois plus

aucun fouvenir de ce qui s'étoit paffé. Il me fembloit que je me réveillois d'un fommeil profond.
Je me fentis foible & haraffé, comme après une
maladie forte, ou une fatigue exceffive. Enfin, la
mémoire me revint par degrés ; mes idées reprirent
leur place ; & appercevant des hommes qui fe
jetoient dans deux ou trois canots, les feuls que
je viffe encore auprès du rivage, j'y courus, &,
m'y précipitai avec eux. Mais je ne fus pas long-
temps fans revenir de ma méprife, & je compris
bientôt tout le danger que je courois, fans pourtant
favoir comment je pourrois l'éviter.

Tous les miens avoient fui. Les patriotes de
la ville, devenus enfin les maîtres du terrein, s'é-
toient emparés des derniers bateaux, & donnoient
chaffe aux traîneurs. Soit haine naturelle, foit
defir de prouver fon civifme, chacun vouloit être
de la partie ; & c'eft pour cet objet que nous fai-
fions force de rames, quoiqu'il fût bien certain que
nous n'en attrapperions aucun. En effet, nous
joignîmes bientôt les autres bateaux patriotes,
auxquels le feu des Alliés, & la trop grande dif-
tance des fuyards, avoit fait lever chaffe. Nous
nous rabattîmes tous enfemble fur l'Amiral, &
quelques autres bâtimens qui en étoient voifins.
Ils étoient remplis de prifonniers, que les Alliés
n'avoient point eu le temps d'amener, & conte-
noient

noient auſſi tous les malfaiteurs & les forçats.
Ces derniers, pendant le trouble & la confuſion,
avoient briſé leurs chaînes, couru dans les arſenaux,
& fait tous leurs efforts pour éteindre ou arrêter
· les progrès de l'incendie. Après plus ou moins
de ſuccès, ils étoient revenus docilement reprendre
leurs fers, & attendre en ſilence les ordres de leurs
nouveaux maîtres, & la récompenſe des ſervices
qu'ils venoïent de leur rendre.

En abordant je vis ſur le vaiſſeau, un ſpectacle
bien différent de celui qui m'avoit frappé ſur le
port : la joie la plus vive animoit tous les viſages ;
on ſe joignoit avec empreſſement ; on s'embraſſoit
ſans ſe connoître ; on parloit de tous côtés à la fois ;
on alloit, on venoit, on ſe preſſoit avec tout le
déſordre d'une joie générale.

J'eus ma part de cet accueil fraternel, & je le
dus à mes vêtemens groſſiers, couverts de ſang &
de boue. Alors je fus comme ſubitement inſpiré,
& je formai tout de ſuite le plan de mon ſalut.
Je vis qu'on me prenoit pour un de ces malfaiteurs
patriotes, que leurs citoyens reconnoiſſans cher-
choient, par leurs ſoins & leur tendreſſe, à dédommager de leur longue & tyrannique ſervitude. Dès
ce moment je ne les quittai plus ; je m'enrôlai
de moi-même ſous ces nouveaux étendards, & je

D

courus chercher le poste d'honneur, auprès des
figures les plus patibulaires. Cela me réussit au-
delà de toute espérance, car cette classe fut la seule
qu'épargnèrent nos féroces vainqueurs : ils exer-
cèrent sur tout le reste la fureur la plus dégoûtante.
Qu'on écoute le trait suivant, qui fut leur début,
& qu'on me dispense d'en citer d'autres.

Deux cents de leurs plus chauds partisans sor-
tirent de la ville, pour aller au-devant d'eux exprimer leur joie, & recevoir leurs tendres embrasse-
mens : mais il étoit dit qu'il n'y auroit aucun pardon pour l'*infâme Toulon*. Ils furent tous mas-
sacrés jusqu'au dernier, & les républicains n'entrèrent dans la ville que sur leurs cadavres palpitans,
& après avoir surmonté leurs cocardes tricolores,
des oreilles sanglantes de ces malheureux. Cette
action seule, qui répugneroit aux sauvages les
plus féroces, suffit pour donner une idée des horreurs auxquelles fut livrée l'infortunée cité que
nous venions d'abandonner. Elle n'eut pas plus
souffert, si elle eût été prise d'assaut. Le massacre
dura trois jours : les chefs fusilloient, & les soldats
égorgeoient. Durant ce temps, tous les titres
furent confondus à leurs yeux : âge, sexe, opinions,
tout fut égal, & rien ne fut épargné. Notre classe
honnête, je dirois même vertueuse, par rapport à
ces indignes cannibales, fut la seule qui non-seule-
ment trouva grace, mais même qui, pendant le

temps de leur fureur, obtint leurs plus tendres foins. Nous fûmes accablés de faveurs ; on nous diftribua des vêtemens, des vivres, de l'argent. Les fpectacles nous furent donnés *gratis*. La fête civique qui célébra la prife de Toulon, nous vit fiéger à la place d'honneur. Enfin, au milieu de l'enthoufiafme que nous avions infpiré, on décida que nous aurions notre part au butin général, & l'on nous diftribua, même fur-le-champ, un à-compte de 50 liv. en papier.

L'on s'imagine bien que je ne m'endormois pas au milieu de traitemens fi doux, & de démonftrations fi affectueufes : je favois trop combien je les méritois peu, & combien j'aurois à les expier fi je venois à être reconnu ; auffi je faifis habilement cette confiance facile qu'infpire toujours la joie & les plaifirs, & je profitai des excès auxquels fe livroient mes nouveaux camarades, pour me compofer à mon gré une petite fociété d'amis particuliers. C'étoient fix ou fept jeunes Suiffes, dont la contre-bande feule avoit été tout le crime, & que je jugeai n'avoir pas été encore affez perverti par leurs indignes confrères, pour avoir perdu jufqu'aux dernières traces du fentiment.

C'eft avec raifon qu'un auteur célèbre a dit qu'il falloit fe défier de celui qui porte la fobriété

au milieu de la débauche. Je fus bientôt leur nom,
leur famille, leur demeure ; je fus Suiffe avec eux,
& bientôt je les eus féduits. Il ne m'en coûta pour
cela, que quelques tableaux fleuris de leur vie
champêtre, quelques defcriptions fidelles de leurs
montagnes & de leurs troupeaux, quelques por-
traits touchans du premier bonheur de leur enfance,
& fur-tout quelques reprifes de leur air favori, de
ce *Rond des vaches*, devenu fi célèbre par l'empire
qu'il exerce, & l'impreffion qu'il leur caufe* ; &
bientôt ils eurent autant d'empreffement que moi
de revoir leur pays ; ils ne refpirèrent plus qu'après
le bonheur d'y retourner. C'eft où je les attendois : il ne me fut pas difficile, à la première de
nos orgies, d'en pouffer un à faire la motion,
d'aller chez nous boire du lait de nos vaches ;
un autre, à propofer d'en demander la permiffion
aux Commiffaires ; un troifième, à donner l'idée
d'une pétition pour l'obtenir : nous la brochâmes
auffi-tôt, & avec toute l'adreffe qui pouvoit nous
garantir le fuccès. Nous appuyâmes fur-tout fur
la vive reconnoiffance que nous porterions à jamais

---

* Tout le monde connoît le charme puiffant de cet air
montagnard, fur le cœur fenfible des Suiffes ; & chacun a fans
doute entendu dire, comme moi, qu'il étoit défendu de le
jouer dans leurs régimens, parce qu'il portoit les foldats à la
défertion, ou leur caufoit des maladies de langueur.

5

à nos libérateurs, & nous finîmes par dire qu'il ne manquoit plus à nos cœurs que de pouvoir aller dans nos foyers, publier tant de bienfaits, & y femer en même temps les beaux principes qui leur donnoient naiſſance.

J'avois eſpéré que, dans la première ivreſſe de leur gloire, au milieu de l'encens dont on les entouroit, nos tyrans ne ſauroient rien refuſer : je ne m'étois pas trompé : nous en fûmes accueillis à merveille. Ils nous accordèrent tout ce que nous voulûmes ; & nous ne ſortîmes de leur tribunal terrible, qu'avec des certificats vraiment dignes de nous mériter, chez eux, les honneurs du Panthéon ; mais, par-tout ailleurs, ceux de la Potence. Mon affaire faite, je laiſſai là bien vîte, comme on peut le penſer, mes dignes compagnons, me promettant bien de ne pas fréquenter, de long-temps, ſi mauvaiſe compagnie. Mais j'ai éprouvé maintefois depuis, que dans un temps de révolution, l'on ne doit jamais jurer de rien.

Je ſortis de Toulon avec tout l'air d'un homme auquel on fait grace au pied de l'échafaud. Pour comble de bonheur, l'argent ne me manquoit pas. J'avois ſur moi quinze mille livres en aſſignats, lors de la débacle ; & j'étois aſſez heureux pour les avoir conſervés au milieu des haſards que j'avois courus. Muni de brillans paffe-ports, je crus devoir faire honneur à ces pièces honorables, & je m'habillai en National magnifique. Une énorme cocarde tricolore fur-tout couvroit mon chapeau, & annonçoit à tout paffant mon immenfe patriotifme.

Cependant j'obfervois encore dans ma marche quelques petites précautions : je n'ofois pas tout-à-fait me donner la voiture, qu'on jaloufe & qu'on fufpecte par-tout. J'avois foin de fortir & d'entrer modeftement à pied, dans les grandes villes ; mais dans les intervalles, je me permettois de temps à autre, le luxe plus modéré d'un mauvais Roffinante, pour abréger davantage une route qui me fembloit toujours trop longue.

Déjà j'avois franchi la fablonneufe Provence ; déjà le riant & fertile Comtat demeuroit loin derrière moi ; déjà j'avois gravi, fans mauvaife avanture, la plus grande partie du Dauphiné ; & les Alpes, ce point de mon falut, me préfentoient diftinctement des gorges falutaires ; déjà mon imagination rapide m'y plaçoit en fureté, & je calculois au port le naufrage terrible, auquel j'avois fi miraculeufement échappé. C'eft au milieu de ces douces idées, & croyant n'avoir plus rien à redouter, que j'entrois fièrement à Grenoble, avec cette infolence fans-culottière qui caractérife fi bien le patriote irréprochable. C'étoit un peu avant la fin du jour, moment propice aux malheureux qui voyagent fous l'ombre du myftère.

En franchiffant la porte je me trouvai précédé, à quelques diftances, d'un groupe de gardes nationaux, dont la joie bruyante & la marche irrégulière atteftoit leur peu de fobriété. Redoutant l'indifcrète amitié de ces aimables camarades, je ralentis mes pas pour leur donner le temps de s'éloigner; &, afin d'éviter toute efpèce d'affectation, je m'arrêtai même pour lire un placard qui venoit d'être afiché, prefque fous mes yeux. C'étoit une proclamation ; on va juger de mon état à la vue de ces effrayantes & terribles paroles :

VIGILANCE ! VENGEANCE !

Citoyens, l'infâme Toulon vient de tomber, & déjà le fang impur coule de toutes parts. Vengeons les mânes de nos frères égorgés. La juftice le veut & l'ordonne. Levez-vous donc, accourez tous, preffez-vous en foule autour des coupables. Que pas un ne puiffe échapper à cette enceinte vengereffe & terrible. Des victimes, Citoyens... des victimes !... La liberté paifible fe plaît au milieu des douceurs ; mais quand elle eft violée, il lui faut du fang & du carnage. Saififfez donc, immolez tout ce qui ne fera pas pur ; que rien ne vous arrête. Des perfides auront pu féduire la loi peut-être, & lui arracher des témoignages de patriotifme : n'importe, frappez toujours. Ceux-là font plus criminels encore, qui, par adreffe, ou menfonge, ont pu tromper les Repréfentans du Peuple, & reculer d'un inftant la vengeance nationale...

Non, jamais la foudre ne produifit un effet plus fubit. A cette terrible lecture mon fang fe glaça dans mes veines, & mes cheveux fe dreffèrent fur ma tête. Je me crus à l'inftant environné de bourreaux, & pourfuivi par la guillotine. Je fus comme pétrifié, & demeurai là comme fans mouvement & fans vie. Cependant la nuit s'achevoit ; & la crainte d'être enfermé dans Grenoble, qui me fembloit déjà une étroite prifon, me fit faire machinalement quelques pas pour me traîner hors de fes murs ; & ce ne fut qu'avec un redoublement de fueur froide, que je repaffai fous cette porte qui, l'inftant d'auparavant, m'avoit vu déployer une démarche fi fière.

Incertitude

Incertitude cruelle du COMTE DE C... Il abandonne,
pour le moment, le projet d'émigrer de nouveau.
Il songe plutôt à s'enfoncer dans l'intérieur de la
France.—Anecdote intéressante chez un bon Fer-
mier.—Le COMTE DE C... entre dans Lyon, où il
se déguise, & s'établit.

DANS le premier moment de mon effroi je me
jetai dans la campagne, & courus quelque temps
au hasard sans intention, ni motif : mais mes sens
un peu remis, je m'arrêtai pour tenir conseil avec
moi-même. Devois-je continuer ma route, &
chercher à franchir ces limites du crime & de la
mort ; ou bien, devois-je chercher mon salut
dans l'intérieur du royaume ? Je ne voyois par-
tout que risques & périls. D'un côté j'étois à la
vérité bien près des frontières, & mes yeux dis-
tinguoient ces contrées paisibles, qui me présen-
toient un asyle assuré : mais les routes n'étoient-
elles pas étroitement gardées ? La vigilance la
plus rigoureuse ne veilloit-elle pas sur tous les
passages ? Des administrateurs altérés de sang,
des dénonciateurs avides, des soldats oisifs, rem-
plissoient toutes les avenues, interceptoient toutes
les issues. N'étoit-il pas certain que l'ordre terrible que je venois de lire, & qui, en ce moment,
causoit tout mon embarras & ma frayeur, redou-
bleroit encore leurs recherches, & multiplieroit

E

mes dangers ? Je courois donc à une mort certaine, fi je continuois à marcher vers la frontière. D'un autre côté, en m'éloignant, je rendois déformais mon évafion bien plus difficile, pour ne pas dire impoffible. Je reculois peut-être le terme fatal de la guillotine ; mais à quel prix ! & pour combien de temps ?

Réduit à me cacher fans ceffe, fuyant à chaque pas des dangers réels, pourfuivi par-tout par ceux de mon imagination, je prolongeois une vie déjà infupportable, par des tourmens plus infupportables encore. Je l'avoue, j'héfitai long-temps : une mort prompte me fembloit préférable à une agonie prolongée. Je redoutois de vivre au milieu d'une incertitude auffi cruelle, & je penchois pour aller chercher tout de fuite la fin de tant de maux, quand des fentimens plus courageux l'emportèrent. Le fouvenir de ma propre gloire, fe ranima dans mon cœur ; je rougis d'un inftant de foibleffe ; &, confidérant la mort de fang-froid, je jurai de la combattre jufqu'au dernier inftant. Cette réfolution généreufe me rendit calme & tranquille ; je me mis en route, plein de force & d'efpérance, prenant attentivement fur ma gauche, pour me rapprocher du Rhône, réfolu d'aller dans quelques grande ville, comme dans le lieu le plus fûr, attendre tout du temps & des circonftances.

J'avois marché toute la nuit, & j'étois épuifé de
faim & de fatigue, quand au matin j'apperçus une
jolie petite ferme, qui couronnoit un coteau chargé
de vignobles : j'y portai mes pas avec le projet
d'y demeurer caché tout le jour. Je m'y préfentai avec toute la modération & la politeffe que
donnent de longues infortunes.—" Citoyen," dis-je
à un payfan d'un certain âge, qui m'en parut être
le maître, " les affaires de la Nation m'ont fait
" marcher toute la nuit ; je me fuis égaré, & je
" viens vous demander l'hofpitalité."

On a beau dire & beau faire, il n'eft point aifé
de changer le caractère des hommes naïfs & fimples.
La Convention peut faire trembler des payfans, &
les foumettre ; mais il lui faut encore bien du temps
avant d'apprendre à leurs vifages à diffimuler. Je vis
tout de fuite que j'étois craint, mais que je n'étois
point aimé : des enfans s'étoient fauvés à mon
approche ; une femme étoit fortie en me jetant des
regards peu favorables ; le bon homme feul étoit
refté.—" Monfieur," me répondit-il d'un air peu
difpofé, " les temps font bien durs, & vous ne
trouverez pas grand'chofe ici."—" Bon homme,"
lui dis-je, " vous avez du pain, de la paille, c'eft
" tout ce qu'il me faut ; un bon foldat n'eft pas
" difficile..." & tout en parlant, je m'étois établi

déjà sur un escabot auprès du seu, & je défaisois mes souliers & mes guêtres.

Cependant à la voix du père, un garçon apportoit, d'assez mauvaise grace, du pain noir & grossier: je le reçus avec reconnoissance.—" Mon enfant," lui dis-je, " voici mon billet de logement." Et je tirai de ma poche un assignat de dix livres, que je lui donnai. Le père fut touché de ce procédé, & je vis tout-à-coup son visage se dérider en ma faveur. Il fit d'abord quelques instances pour me refuser; ensuite il sortit, & m'apporta des œufs. Il sortit encore; & quand mon petit repas fut fini, il me dit : " qu'au temps qu'il faisoit, " la grange étoit bien froide, & qu'il m'offroit le " lit de la famille, si je n'avois pas de répugnance " à l'accepter."—Je n'en pouvois plus; je m'y couchai sans cérémonie, & je dormis profondément & long-temps.

Il étoit plus de quatre heures, & la nuit commençoit à se faire, quand je reparus au milieu de mes bonnes gens. Il me fut aisé de voir qu'on avoit beaucoup parlé de moi pendant mon absence, & d'une manière bien favorable. A mon aspect, toute la famille, qui s'étoit considérablement augmentée, se leva avec tout l'air de l'intérêt & du

refpect. Le père vint vers moi d'un air franc &
fatisfait : " Monfieur," me dit-il, " nous avons
" diné pendant votre fommeil, & nous n'avons
" point voulu vous réveiller : nous vous avions
" gardé quelque chofe, mais ce fera inutile ; car
" voilà le foupé qui s'approche, & qui pourra vous
" dédommager."—" Nous l'efpérons tous," ajouta
alors un jeune homme à-peu-près de mon âge & de
ma taille, qui tenoit la main d'une fille charmante,
" vous ne nous refuferez pas cet honneur : c'eft le
" foupé de mes nôces. Demain je me marie ; &
" nous efpérons encore que vous voudrez bien de-
" meurer à la fête."—" Vous me comblez," ré-
pondis-je : " j'accepte le foupé avec bien du plaifir ;
" mais quant à demain, cela m'eft impoffible :
" le point du jour doit me trouver bien loin d'ici."
Les coufins, les oncles, les tantes, les coufines, tous
étoient raffemblés pour la cérémonie. Nous fai-
fions cercle autour d'un grand feu, fur lequel on
diftinguoit en effet tous les apprêts d'un feftin.

En attendant la table, j'interrogeai de droite &
de gauche, & je fus bientôt que j'étois chez des
fermiers confidérables ; que je me trouvois affez
près du Rhone, un peu au-deffous de Vienne, en-
viron huit lieues de Lyon.

Enfin nous nous mîmes à table. A ma grande furprife, le filence & la triftelfe régnoient parmi tous les convives : le chagrin & la douleur caractérifoient fur-tout les vifages intéreffans des deux jeunes époux.—" Mon Dieu," me difois-je à moi-même, " eft-ce donc un des effets de la révolution ? " Certainement, voilà qui reffemble beaucóup plus " à un enterrement, qu'à un mariage." Cette fingularité m'occupa long-temps : enfin je n'y pus plus tenir. " Vous êtes bien peu gai pour un " moment fi heureux," dis-je au jeune homme ; " en vérité, vous jouiffez trop paifiblement : ah ! " fi c'étoit moi !... je ferois fou."—" Monfieur," me répondit-il, " il eft tel bonheur, qui a des " alentours bien triftes. Aujourd'hui, il eft bien " difficile d'être tout-à-fait heureux : demain j'é-" poufe Juftine ; &, après demain peut-être, il " faudra que je la quitte", dit-il, en foupirant, " & Dieu fait pour aller où..... & jufques à " quand !..."—" Oui, Monfieur," reprit le père, " voilà ce qui nous attrifte tous. Des réquifitions " fans nombre, toujours des réquifitions ; voilà ce " qui nous défole. Henri, ce pauvre garçon, tel " que vous le voyez, a été pris déjà pour le fiége " de Lyon ; il falloit encore qu'il fût à celui de " Toulon, fans une fièvre maligne. Aujourd'hui on " le demande pour Nice, ou pour Perpignan : nous

" ne favons pas feulement lequel ; mais toujours,
" il faut qu'il parte. Nous ne comptions le marier
" qu'au printemps ; & c'eft cette maudite réquifition
" qui fait avancer le mariage...."—" Et c'eft auffi
" ce qui fait que je lui pardonne," dit alors Henri,
en ferrant tendrement la main de Juftine. Il me
parut que ce jeune homme avoit étudié, qu'il ne
manquoit pas d'éducation, & qu'il poffédoit fur-
tout un cœur fenfible & bon.

Cependant, fur la fin du foupé, le vin nous
rendit plus aifé. On caufa, on rit, on s'anima :
on but quelques fantés ; & je remarquai, avec une
fatisfaction ariftocratique, que le fujet n'en fortit
jamais de la famille. Quand ce fut à moi, j'ex-
primai, comme on le penfe, des vœux pour le nouveau ménage. " Charmante Juftine !" ajoutai-je,
" puifque je ne puis avoir le plaifir de voir com-
" pletter la fête, permettez-moi de vous offrir,
" avant de vous quitter, mon préfent de nôces ;"
& je lui préfentai un affez joli porte-feuille
que j'avois acheté, quelques jours auparavant.
" Acceptez-le, je vous prie, en mémoire de quel-
" qu'un que vous avez vivement intéreffé." Son
jeune époux me remercia pour elle. " Et vous
" auffi, Henri, je veux vous faire un préfent de
" nôces. Vous êtes de la réquifition, m'avez-vous

" dit ; bientôt vous partez pour l'armée ; faites-
" moi le plaifir d'accepter mon habit, c'eft tout ce
" que je puis vous offrir ici de plus précieux :
" quoiqu'il ne foit pas vieux, il a vu déjà de grands
" dangers. Prenez-le, j'ai idée qu'il vous portera
" bonheur."—Ajoutez," me dit-il, " qu'il me
" fera demeurer honnête homme, j'en fuis fûr.
" Ah! c'eft bien rare aujourd'hui!...." Il prononça
ces mots avec tant de naturel & de vivacité, que
je ne pus m'empêcher de courir à lui, & de l'em-
braffer de tout mon cœur. Au retour, le père
touché voulut me le rendre ; la mère enfuite : il
fallut faire la ronde, même jufqu'à l'aimable Juftine,
dont un vermillon charmant vint auffi-tôt couvrir
tous les traits.

Cependant il étoit déjà tard, & la fête tiroit fur
fa fin. Je parlai de mon départ : vainement on
voulut me gagner ; je fus inflexible, & je déclarai
qu'au jour je devois être à Lyon. Le temps étoit
froid, mais le ciel ferein. On voulut au moins
que j'acceptaffe un guide pour me conduire par des
chemins de traverfe, qui à la vérité me faifoit paffer
hors de Vienne, mais auffi racourciffoient con-
fidérablement ma route : c'étoit précifément ce
qui me falloit. Tout en caufant, j'avois tracé
mon itinéraire dans ma tête, & mon plan étoit
fait.

A

A la dernière fanté, je vis Henri & Juftine fe parler un moment tout bas ; puis celle-ci m'adreffant la parole, avec une timidité charmante, me dit : " Monfieur, nous avons accepté vos préfens ; vous " en irez-vous, fans nous laiffer le plaifir de vous " faire les nôtres ? Dites-nous ce que nous pourrions vous donner ici qui vous fût agréable."— " Oui, certainement, Juftine," dis-je en rêvant un inftant, " & je vais vous le dire. J'ai auffi " une maîtreffe, moi : elle eft jeune, jolie, fraîche " comme vous.... Ah ! fi je la retrouvois à mon " arrivée à Lyon !.... tenez, j'aurois bien du " plaifir à lui remettre un petit panier d'œufs " frais, que je tiendrois de vous."—Si l'on eût vu la joie que caufa ces paroles : le défordre fut univerfel ; chacun fe leva, courut pour contribuer au petit préfent. Cela finit le feftin ; on fe mêla, on fe joignit, & l'on m'entoura. Cependant le panier fut bientôt prêt, & je pris congé de ces bonnes gens, les larmes aux yeux, le cœur ému ; mon petit guide portant mon panier, & moi l'épais & bon farot de Henri. Je les quittai, en promettant de leur donner de mes nouvelles.

O famille intéreffante, & qui méritez le bonheur ! pardon fi jufqu'ici j'ai trompé votre attente. Peut-être, hélas ! un temps viendra, où des

F

jours plus heureux rendront la liberté à mes fén-
timens : alors, oui alors, n'en doutez pas, vous
recévréz des preuves de mon fouvenir & de ma
reconnoiffance, pour le moment de délices dont
vous avez interrompu la chaîne de mes douleurs.

Je courus toute la nuit, & j'entrai dans Lyon
d'affez bonne heure, pour trouver les rues encore
peu fréquentées : mon coftume d'ailleurs affuroit
ma tranquillité. On recherchoit peu les gens de
la campagne, fur-tout quand ils portoïent des
provifions dont la ville étoit dans le plus grand
befoin.

Je me cherchai tout de fuite un logement ; je
tombai entre les mains d'une vieille blanchiffeufe,
bonne femme & bavarde.—"Je voudrois," lui dis-je,
" un logement pour ma fœur, qui eft obligée
" de venir paffer de la campagne, quelques mois
" à la ville."—"Votre fœur !" me dit-elle en fou-
riant d'un air d'intelligence, " j'ai précifément ce
" qu'il lui faut : efcalier féparé, vue fur la pro-
" ménade, endroit retiré & tranquille : venez,
" venez..."—Je vis qu'elle penfoit à mal fur le
compte de ma prétendue fœur, & l'on s'imagine
bien que je m'importai fort peu de la détromper.
Tout me convint à merveille ; je m'y établis auffi-

tôt, & dès le foir même, je me procurai un ajuf-
tement féminin. Le nombre de mes années, la
nature de mes traits, la douceur de ma voix, prê-
tóient affez à cette fupercherie ; il ne m'étoit pas
difficile, avec un peu d'art & de foin, de mafquer
les témoignages délateurs de mon fexe & de mon
vifage.

Plus libre & moins recherché fous ce déguifement, j'efpérois courir la ville avec plus de fureté,
& trouver peut-être quelque avanture heureufe, qui
pût amener mon falut & ma fuite. Auffi, dès que
le jour tomboit, je couvrois mes charmes trompeurs
d'un voile modefte, & j'allois, d'un pied léger, parcourir les rues & fréquenter les promenades, que la
tyrannie du jour peuploit feulement la nuit, malgré la rigueur de la faifon. Je m'approchois des
groupes, & me prêtois avec facilité à toute efpèce
de connoiffance : c'eft par-là qu'en peu de temps,
j'appris à fond la fituation & les malheurs de cette
ville infortunée, dont on va lire l'hiftoire.

HISTOIRE de la Révolte, du Siége, & de la Soumiffion de Lyon.

DE tous les temps la ville de Lyon avoit été peu favorable à la révolution ; la ftagnation fubite de fon commerce brillant & profpère, avoit défabufé de bonne heure les riches négocians & les nombreux ouvriers, en arrêtant les fpéculations financières des uns, & le travail alimentaire des autres. La pofition géographique de cette importante cité, qui, à deux pas de la frontière, pouvoit aifément recevoir des troupes étrangères, & livrer tout l'intérieur du royaume fans défenfe ; la bonne difpofition de fes habitans, prêts à tout feconder en faveur de la royauté, fixèrent toujours l'attention des contre-révolutionnaires, qui en firent long-temps l'objet de leurs plus chères efpérances.

En 1790, elle fut, comme on fait, le centre d'une vafte confpiration, qui uniffoit la plus grande partie des royaliftes de l'intérieur, à l'étendard royal que nous femblions avoir levé à Turin, fous la conduite de nos illuftres Princes. Louis XVI déjoua lui-même ce plan fameux ; mais Lyon

n'en continua pas moins d'être le foyer des mécontens, & le théâtre de complots plus ou moins
obfcurs.

Enfin, vers la fin de Mai 1792, l'explofion, com-
primée depuis fi long-temps, fe fit avec une vio-
lence terrible; Lyon courut aux armes, détruifit
fes Jacobins, & fe déclara ouvertement l'ennemie
de la Convention. Jamais moment ne parut faifi
avec plus d'adreffe, & jamais apparences ne fem-
blèrent promettre autant de fuccès.

De toutes parts, la République étoit menacée
d'une deftruction prochaine; au dehors, l'ennemi
étoit par-tout victorieux; au dedans, le défordre
étoit au comble. La Convention, déchirée par deux
factions qui fe faifoient une guerre à mort, fembloit
devoir bientôt finir fous fes propres ruines. Une
petite portion de la France feulement, époufant les
querelles du Corps Légiflatif, fe divifoit entre
BRISSOT & MARAT, tandis que le refte de l'empire, fatigué du défordre & de l'anarchie caufés
par tous les deux, foupiroit pour le retour de la
Monarchie, & exprimoit affez ouvertement fon
vœu par une multitude d'infurrections partielles en
fa faveur.

Tel fut l'heureux moment que faifit Lyon pour
fe déclarer ; le retour à la royauté en fut la véritable caufe, & l'oppreffion d'une partie de la Convention en fut le vain prétexte. Au premier bruit
de fon infurrection, deux Repréfentans accoururent
avec quelques bataillons nationaux : mais ces
troupes furent taillées en pièces, & les légiflateurs
demeurèrent prifonniers. Cette démarche violente,
qui ne laiffoit plus de voie à l'accommodement—
ce commencement de fuccès, qui promettoit une
iffue heureufe, affermit les Lyonnois plus que jamais
dans la réfolution qu'ils avoient prife, & les mit
dans l'abfolue néceffite de vaincre, ou de périr.

Lyon étoit une grande & belle ville, d'une population immenfe : fon étendue, fes richeffes & fon
commerce lui faifoient occuper dans le royaume, le
premier rang après Paris. Sans fortifications, ni
fans défenfe, toute fa force, en ce moment, confif-
toit dans le courage de fes habitans, & dans certaines pofitions que lui ménageoit la nature. Affife
au confluent de la Saone & du Rhône, ces deux
rivières, en cotoyant fes murs, défendoient une
partie de fon enceinte ; & des hauteurs à quelques
diftances, devoient faire fa force ou fa foibleffe,
fuivant qu'elle auroit affez de monde, ou non, pour
les occuper. Voilà la pofition militaire de Lyon :
voici les mefures qu'on prit pour la défendre.

M. De Précy, militaire diftingué, que la con‑
noiffance de fes principes, & l'eftime de fes con‑
citoyens, avoient mis depuis long-temps à la tête
de la garde nationale, fut déclaré généraliffime de
l'armée Lyonnoife ; & il étoit digne de cette place,
par la froideur de fon courage, & la fermeté de fon
caractère. Plufieurs officiers de mérite l'affiftèrent
dans cette fonction importante ; & l'on doit remar‑
quer parmi eux, le Comte De Virieux, qui s'é‑
toit rendu célèbre aux Etats du Dauphiné, & puis
à l'Affemblée conftituante.

Tous ces chefs de l'armée, joints à quelques
négocians de la ville, formèrent un Comité cen‑
tral, qui décida de toutes les mefures militaires &
civiles. Il y avoit beaucoup à faire : il ne s'agiffoit
rien moins que de créer une armée, d'organifer la
ville, & d'approvifionner l'une & l'autre. Le
Comité remplit toutes ces commiffions difficiles,
avec une intelligence & une précifion admirable.

En un clin-d'œil, on vit paroître comme de
deffous terre des travaux énormes, & des batteries
nombreufes s'élevèrent de tous côtés pour les dé‑
fendre. On ne voulut armer que les propriétaires
dont on étoit fûr, & l'on rejeta foigneufement
cette claffe fans principes & fans biens, dont la

folde fait toute l'opinion. Malgré cette fage ex-
clufion, Lyon comptoit déjà plus de 20 mille
défenfeurs. Tous les Royaliftes des pays voifins
étoient accourus en foule : les Emigrés s'y ren-
doient journellement, & fourniffoient des officiers
expérimentés ; la manufacture de St. Etienne donnoit les fufils en abondance ; les arfenaux de la
ville étoient pleins de canons : enfin, l'ordre s'éta-
bliffoit dans les rangs, & tous brûloient d'ardeur
& de bonne volonté. Si le camp prenoit une
tournure auffi profpère, la ville, de fon côté, préfentoit un afpect non moins favorable. Une com-
miffion populaire, en jugeant militairement tous
les auteurs des crimes paffés, faifoit difparoître tous
les gens capables d'exciter de nouveaux troubles.
On obfervoit la police la plus févère ; le peuple
demeuroit fatisfait & foumis, & l'unanimité la
plus grande régnoit par-tout. Des convois de fa-
rines, de bœufs, & de moutons, entroient fans être
inquiétés ; les vivres étoient plus qu'abondans, &
les offres de coalition & de fecours arrivoient en
foule de tous côtés. Lyon vit dès les premiers
jours dans fon fein, les Députés de 14 Villes & de
400 Villages de fon arrondiffement ; & bientôt, des
Départemens entiers imitant cet exemple de proche
en proche, on compta le même jour, jufqu'à 52 *Dé-*
putations

4

putations départementales, dans un dîner folemnel
qui fut donné pour célébrer cette union. Marfeille, qui avec elle avoit combiné fon foulèvement,
faifoit marcher à fon fecours un corps d'armée confidérable ; & la jonction faite, il devenoit bien difficile, pour ne pas dire impoffible, d'éteindre ce
foyer dangereux. *Le Roi de Sardaigne*, de fon côté,
étoit auffi convenu de coopérer avec ce mouvement,
& fes troupes defcendoient en Savoie. *Kellerman*,
avec une poignée d'hommes, ne pouvoit s'oppofer
à leur marche ; & les Sardes étoient fûrs d'être
joints par plus de vingt mille hommes des campagnes, au premier pas qu'ils feroient fur le ter-
ritoire françois. Enfin, les Départemens coalifés
faifoient tous des mouvemens, & promettoient de
grands fecours. Tout fembloit donc concourir
victorieufement aux fuccès de l'heureufe Lyon,
& cette ville dût fe flatter un inftant qu'elle auroit
la gloire d'avoir entrepris & décidé la Contre-révo-
lution.

Les cris défaillans de la République mourante,
fervoient encore à relever la profpérité naiffante de
cette infurrection. Le défordre le plus effroyable
régnoit alors, parmi tous les partifans de la repréfen-
tation nationale. Précifément au moment où Lyon
faifoit fon explofion, il en avoit éclaté une à Paris
plus terrible encore, dans le fein même de la Con-

vention : une moitié de cette affemblée avoit fait
arrêter une partie de l'autre moitié, & profcrivoit
en ce moment ceux qu'elle n'avoit pu faifir :
ceux-ci menaçoient dans leur fuite, de revenir les
armes à la main, & répandoient par-tout, en attendant, le trouble & la confufion. Une nouvelle Convention s'élevoit à Bourges, & anathématifoit celle
de Paris : les Départemens, les Diftricts, les Mu-
nicipalités prenoient parti fuivant leur caprice.
Il n'y avoit plus d'enfemble, ni même de corref-
pondance ; & cependant l'ennemi du dehors for-
çoit des places frontières, & celui du dedans faifoit
triompher les drapeaux royaliftes dans les provinces
de l'oueft.

Voilà quelle fut la fituation politique de Lyon
durant les mois de Juin & de Juillet : dans cet
état brillant, voyant fes forces s'accroître chaque
jour, & fes craintes diminuer à chaque inftant, la
trop grande apparence de fuccès, l'aveugla peut-
être, & fut une des caufes de fa perte.

Dans le premier inftant, on avoit tracé un camp
de 40 mille hommes fur les rives de la Saone :
s'il eût été une fois rempli, la querelle eût été
bientôt décidée. Mais on négligea trop de raffembler les hommes quand on ne les crut plus auffi
néceffaires : on fut même jufqu'à rejeter & bannir

les débris du parti vaincu de la Convention. Faute grossière en politique, irréparable en événemens, que les Royalistes ont répétée sans cesse à chaque mutation de la révolution ; parce qu'ils se conduisent en hommes privés, & non pas en hommes d'Etat ; parce qu'ils demeurent scrupuleusement fidèles aux principes, & dédaignent la politique ; parce qu'enfin ils sacrifient leurs intérêts à leur franchise. Conduite noble, délicate & belle, qui trouve une douce récompense dans la paix de soi-même ; mais qui obtient rarement le succès, & même l'approbation générale. Il en résulte que, dans le froissement & les vicissitudes des factions, on demeure toujours étranger à tous les partis : comme on les condamne tous, on est haï de tous ; & si l'on veut les attaquer avec succès, il faut être plus fort que tous, car le danger ne manquera pas de les réunir tous. Qui pourroit assurer que la révolution n'eût pris une toute autre marche, si les *Royalistes* avoient accepté l'alliance des *Feuillans* & des *Monarchiens* vaincus en 1791 ; celle des *Constitutionnels* mis en fuite en 1792 ; enfin, celle des *Brissotins* opprimés en 1793 ? Combien d'individus que l'amour-propre seul a retenus, d'autres que le désespoir, ou la rage, a conduits depuis, auroient rallié de bonne foi les étendards de la Royauté ! D'ailleurs ne voit-on pas que, dans tous les cas, on alimentoit une guerre civile, & que l'on se donnoit un moyen certain d'affoiblir ou de détruire les deux partis, en les combattant l'un par l'autre. Mais revenons à Lyon : jusqu'ici je n'ai parlé que de fes fuccès & de fes efpérances ; il me refte à décrire fes malheurs & fa deftruction.

C'eft encore ici un de ces revers de fortune, qu'il n'eft pas dans la nature de prévoir, & qui n'appartiennent qu'à l'étoile de la République, & à l'irréfiftible deftinée qui femble pourfuivre la Monarchie. Ces Lyonnois fi pleins d'une jufte confiance, ces Lyonnois à qui les circonftances & la fortune fembloient fourire à l'envie, vont tout-à-coup voir tourner toutes leurs efpérances, & un déluge de maux inattendus va fondre fur eux, & les détruire.

Le génie de *Marat* l'emporta, contre toute attente, fur celui de *Briffot* ; une efpèce d'ordre fe rétablit dans la plupart des départemens, & quelques troupes marchèrent vers les révoltés de Lyon & de la Provence. Les négocians de Marfeille, au lieu de s'armer eux-mêmes, à l'exemple des Bordelois, avoient trouvé plus commode de payer des foldats à leur place ; & ces vils mercenaires, à demi corrompus par l'argent de la Convention, furent aifément difperfés par les armes de *Cartaux*. Les Sardes, par une conduite lâche ou inexplicable,

reculèrent devant la poignée de patriotes qui leur
étoient oppofés. Dix mille hommes de la garnifon
de Valenciennes, par une capitulation perfide,
eurent la permiffion de venir combattre les plus
zélés partifans de la Monarchie. Les départemens
coalifés manquèrent à leur parole, ou ne purent la
tenir. Enfin, le fyftême des réquifitions, nouvelle-
ment inventé, vint mettre le comble à tant de
contrariétés combinées à la fois.

Ce Lyon, cette ville qui naguères fe voyoit avec
une belle armée, & croyoit n'avoir prefque pas
d'ennemis à combattre, put compter bientôt, du
haut de fes murailles, jufqu'à 100 mille hommes,
pourvus d'une artillerie formidable, avec laquelle
on la couvrit, en un inftant, d'un déluge de bombes
& de boulets rouges.

Jamais les chefs de l'infurrection Lyonnoife ne
déployèrent plus de courage que dans cette cir-
conftance périlleufe : il ne leur reftoit plus que 9
ou 10 mille hommes feulement ; car, à l'approche
formidable des patriotes, tous les Royaliftes qui
appartenoient aux pays voifins, y étoient retournés
pour protéger leurs femmes & leurs enfans. Avec
ce petit nombre de troupes, ils firent tête par-tout.
Pendant plus de fix femaines que dura le fiége,
ils maintinrent conftamment tous leurs poftes au

4

dehors, & continrent au dedans la population nom-
breufe de la ville, que la crainte, la faim, & l'habitude du défordre, foulevèrent plufieurs fois. Ils
eurent tous les jours des engagemens terribles contre
l'ennemi, & furent fouvent forcés à des expéditions
militaires fur la ville, & à des exécutions fanglantes.
Ils firent fufiller quiconque propofoit de fe rendre,
ou effayoit de porter le peuple au Jacobinifme :
& quand les vivres commencèrent à devenir rares,
ils renvoyèrent aux patriotes les prifonniers civiles
& militaires qui leur étoient dévoués ; & ceux-ci
ne voulant pas les recevoir, on eut le fpectacle
horrible de leur fufillade entre les deux lignes. Si
l'on joint à tous ces événemens, les précautions
contre les incendies, qui furent admirables ; la
difficulté de fe procurer chaque jour 150 mille
livres pour les dépenfes journalières, dont le paie-
ment ne ceffa pourtant jamais ; enfin, le manque
de vivres, qui fe fit fentir de bonne heure, & qui
cependant permit de tenir plus de fix femaines : fi
l'on confidère, dis-je, toutes ces chofes, on fera
forcé de convenir que le Comité de Lyon montra
des talens fupérieurs en tous genres, & fur-tout
une vigueur extraordinaire.

Enfin arriva le moment fatal où, par le manque
abfolu de fubfiftances, le fort des infurgés ne dé-
pendoit plus du talent des chefs feulement, mais

de la réfolution défefpérée de tous en général.
On avoit épuifé toutes les reffources de la nourri-
ture pour l'armée & pour le peuple : après avoir
manqué de pain, on avoit diftribué les fromages,
le beurre, les huiles, les fucres, jufqu'aux fruits de
la campagne, parmi lefquels les raifins avoient été
d'un grand fecours. Mais enfin il ne reftoit plus
rien, & il falloit fe réfoudre à périr de faim dans
la ville, où à aller conquérir des vivres au dehors.

Ce fut dans ces circonftances défefpérées que
Meffieurs de Précy & de Virieux proposèrent chacun un plan digne de leur courage & de leur fermeté. Ils vouloient qu'on armât tous ceux qui préfé-
reroient une mort glorieufe à une exécution infâme,
les femmes, les enfans même, & qu'on effayât de
fe faire jour au travers de l'ennemi. Ils s'accor-
doient tous les deux fur ce point, & ne différoient
que dans la route qu'ils propofoient de tenir enfuite.
M. de Précy vouloit qu'on gagnât l'intérieur du
royaume par les montagnes du Forès & de l'Au-
vergne, & prétendoit qu'à la faveur du mécon-
tentement général, & des nombreux partifans de
la Royauté, il ne feroit pas difficile de s'y maintenir,
& de donner même la main aux Royaliftes de la
Vendée. Pour M. de Virieux, il vouloit qu'on
defcendît tout fimplement la rive gauche du Rhône,
& qu'on fût fe jeter dans Toulon, qui, depuis

quelque temps, étoit au pouvoir des Anglois:
l'efpace à parcourir étoit plus court, le but plus
déterminé ; mais il falloit traverfer une armée pour
fortir de Lyon ; en traverfer une autre pour entrer
dans Toulon ; & en combattre peut-être une troifième en route, celle des Alpes, ou de Nice.

Toutes ces difficultés chanceufes n'étoient rien
auprès de la mort certaine, à laquelle on ne pouvoit
échapper en demeurant dans Lyon ; & le plus
mauvais des deux plans étoit encore un excellent
parti à prendre : on les difcuta au Comité ; on
les propofa à l'armée : mais ces gens qui, depuis
fix femaines, bravoient la mort fous toutes les
formes, & enfantoient chaque jour de nouveaux
prodiges de valeur, frémirent tous d'une entre-
prife auffi hardie. Ce n'étoient point ces foldats
d'Alexandre & de Céfar, qui exécutoient avec au-
dace les plans que leurs chefs concevoient avec
génie ; c'étoient des citoyens braves, mais énervés,
qui ne craignoient pas de perdre la vie, mais qui ne
favoient pas fe dévouer à la mort. Ils auroient
tous courus à l'attaque du pofte le plus dangereux,
mais ils pâliffoient à l'idée d'enlever leurs femmes,
& d'abandonner leurs Pénates. On ne put jamais
les réfoudre à rien : ni les artifices de l'éloquence,
ni la vérité de la raifon, ne furent capables de les
décider.

Dans

Dans cette conjoncture le péril devenant extrême, on finit par fe débander tout-à-fait ; tous les poftes furent abandonnés dans le filence de la nuit, & chacun fe décida pour le parti qui lui plut. Les uns vinrent dans la ville, & crurent y trouver un abri contre la rage du vainqueur, à l'idée d'une retraite inutile, ou fous un vain déguifement ; d'autres, plus déterminés, fondirent fur l'ennemi pour trouver leur falut dans fa défaite, ou bien finir glorieufement dans fes lignes. Beaucoup fans doute trouvèrent la mort dans cette réfolution noble & courageufe, mais un plus grand nombre encore vint à bout de fe fauver.

Le lecteur fera bien aife d'apprendre que l'intrépide & ferme *Précy* fut du nombre de ces derniers ; j'ajouterai même en paffant, qu'il exifte encore aujourd'hui, malgré les bruits réitérés de fa mort : &, peut-être, eft-il deftiné à faire une feconde fois l'efpérance & la gloire d'un parti, dont il occupe en ce moment la follicitude la plus tendre.

Quant à ceux qui fe réfugièrent dans la ville, prefqu'aucun n'échappa. Les Patriotes, au jour, trouvant tous les poftes évacués, furent bien étonnés d'arriver jufqu'aux portes fans réfiftance, & de n'y trouver que des fupplians. Ils y entrèrent en bêtes féroces, égorgeant & tuant tout ce qu'ils rencontroient. Bientôt la loi vint

H

légitimer ces maſſacres & les perpétuer. Le nom
de Lyon fut changé en celui de Commune-Affran-
chie : tous les biens qui s'y trouvoient furent con-
fiſqués ; ſes belles maiſons furent détruites ; &
12 milles de ſes citoyens, condamnés par des tri-
bunaux de ſang, ſouffrirent la mort par la guillotine, le ſabre, le fuſil, le croiroit-on ! par la mi-
traille des canons même...

Chacun ſait les monſtres qui préſidèrent à cette
horrible boucherie. Ils ont fait frémir la Nature :
mais l'Hiſtoire leur réſerve ſa juſtice ; elle tranſmet-
tra leurs noms à nos neveux, & ceux-ci s'en ſer-
viront comme de termes choiſis propres à exprimer
tous les crimes.

---

*LE COMTE DE C... à la veille de ſe ſauver par
une circonſtance plaiſante, eſt au contraire arrêté
par un incident tout auſſi plaiſant ; il eſt traduit
devant le tribunal, & découvert au moment où le
Juge alloit le renvoyer. Il eſt condamné à périr ;
mais des mains bienfaiſantes, & qu'il n'a pu connoître encore, lui procurent la liberté & la vie.*

CEPENDANT bien des jours s'étoient écoulés,
& ma condition ne changeoit pas : je ne voyois
même pas d'apparence de la rendre meilleure, & je

commençois à défefpérer des moyens que j'avois pris. Triftement affis fur une banquette du quai du Rhône, qui étoit fort fréquenté ce jour-là, je penfois à quelque nouveau projet, lorfqu'un joueur de gobelets vint s'établir auprès de moi : la foule s'y porta bientôt; & pour être à même de l'entendre, & de voir ce qu'il faifoit, je fus obligé de monter fur ma petite banquette. Quand je voulus fauter pour en defcendre, le peu d'habitude de ma chauffure féminine, à laquelle je ne fongeois pas dans le moment, me fit prendre une entorfe fi douloureufe, que je ne pus m'empêcher de pouffer un cri. Un National qui fe trouvoit à deux pas, s'avança galamment pour me foutenir : il s'affit auprès de moi, & la converfation s'engagea.

Quand je me levai pour regagner mon chez moi, il m'offrit fon bras fi poliment, & mon accident avoit été fi naturel, que c'étoient des raifons fuffifantes pour l'accepter. Arrivé à ma porte, je le remerciai avec tant de gravité, que, quelle qu'eût été jufques-là fa penfée, il n'ofa pas faire mine d'entrer; mais il me demanda la permiffion de venir le lendemain favoir de mes nouvelles. Je le remerciai de fon intérêt, & j'y confentis fans affectation : feulement je le priai, s'il me faifoit cet honneur, de vouloir bien ne venir que le foir.

Il n'y manqua pas : nous caufâmes quelques heûres, & notre converfation fut affez indifférente:

le lendemain, elle fut plus particulière & plus fen-
timentale ; il toucha un mot de mon logement fale
& petit, de mes meubles vieux & déchirés : je
laiſſai fufpecter des malheurs, ſans pourtant laiſſer
des doutes ſur mes principes. Je vis mon homme
s'attendrir, & c'étoit ce que je voulois. Après
m'avoir quitté, il remonta comme pour chercher,
diſoit-il, ſon mouchoir, qu'il avoit oublié ; & tout
en faiſant ſemblant de le chercher, je le vis poſer
adroitement quelque choſe ſur ma table : c'étoient
quelques aſſignats, & un billet au crayon avec
ces mots : " L'argent feroit ſans valeur, s'il ne
" pouvoit procurer des jouiſſances ; & la plus
" douce eſt de la partager avec ce qu'on aime :
" acceptez ſans peine ; à ce prix, j'ai tout droit
" de vous l'offrir."—On penſe bien que je n'en
diſpoſai point, mais que je profitai habilement de
cette faute de mon officier pour avoir une explication tout-à-fait à mon avantage.—" Monſieur,"
lui dis-je, en le voyant, & lui remettant ſon pa-
quet : " Voilà, quand vous me connoîtrez davan-
" tage, qui vous embarraſſera beaucoup plus que
" moi. Pluſieurs, à ma place, ſe fâcheroient
" violemment, vous reprocheroient votre opinion
" & votre conduite ; moi, Monſieur, plus ſage &
" plus raiſonnable, je vous excuſe, & rejette tout
" ſur les apparences. Vous m'avez connue par
" haſard ; vous me trouvez dans un mauvais ré-

« duit, feule, fans parens, fans connoiffances : il
« eft tout fimple que vous vous foyez mépris, &
« je le pardonne. C'eft à moi à me faire connoître;
« & alors, fi toutefois mon jugement ne m'a
« point trompée, votre honnêteté paffée m'affure
« votre honnêteté future. Je vous connois peu,
« Monfieur ; mais je fuis franche, & je ne fais
« pourquoi vous obtenez ma confiance. Je fuis
« étrangère, & de Suiffe ; je venois dans Lyon
« précifément au moment où fe déclara l'infurrec-
« tion de cette ville malheureufe. Je fuivois un
« frère qui alloit en Angleterre fonder une maifon
« de commerce : je l'ai perdu dès les premiers
« jours du fiége ; fans doute il a été tué, & fans
« que j'aie jamais fu ni où, ni pourquoi, ni
« comment ? L'hôtel où nous fommes defcendus
« a été détruit par le feu des affiégeans ; les pro-
« priétaires ont difparu, ou font morts ; & je me
« fuis réfugiée ici à travers mille dangers, ayant eu
« le bonheur de me trouver fur moi une fomme
« confidérable, lors de la difparition de mon frère.
« Depuis, j'ai écrit fouvent à mes parens, qui ne
« reçoivent point mes lettres, ou qui n'y répondent
« pas. Ainfi je n'ai perfonne dans le monde à
« qui m'adreffer pour terminer mes embarras, je
« pourrois ajouter, mes malheurs. J'entends qu'on
« n'accorde de paffe-ports à qui que ce foit. Peut-
« être le cas où je me trouve, obtiendroit exception,

" s'il arrivoit à la connoiſſance des juges : mais
" la crainte & la timidité, naturelles à mon ſexe,
" arrêtent ma réclamation, & éternisent ma peine."
—Mon National étoit pénétré, & j'avois fait im-
preſſion ſur ſon cœur.—" Ah ! Mademoiſelle,"
s'écria-t-il avec tranſport, ému par mes paroles,
" que je ſuis heureux de votre confidence, & que
" j'ai à vous remercier de me procurer les moyens
" de vous obliger !... Ah ! ſans doute, rien de
" plus légitime que votre cauſe, & je veux être
" votre avocat : l'obligation d'être juſte m'en fait
" la loi, & le deſir de vous plaire m'en donne
" le talent. Demain, demain, vous aurez de mes
" nouvelles."

Effectivement, il revint d'un air triomphant.—
" Votre affaire eſt en bon train," me dit-il ; " de-
" main j'ai la certitude de la voir finir, & de voir
" terminer les malheurs de la perſonne la plus in-
" téréſſante & la plus eſtimable."—Je m'apperçus
que ſa converſation étoit beaucoup plus vive &
plus tendre. Pour moi, j'étois beaucoup plus à
mon aiſe & beaucoup plus gai. Je vis que je
prenois vraiment un doux empire ſur ſon cœur,
& je fis tous mes efforts pour le maintenir. Nous
nous quittâmes tard.—" Adieu," me dit-il en me
prenant tendrement la main. Je le ſuivis à la
porte ; il avoit déjà deſcendu quelques marches,
quand il ſe retourna : " Adieu," me répéta-t-il

avec émotion,—"à demain au soir, les paffe-ports;
" après-demain, fi vous voulez, le départ ; enfuite
" vous me permettrez d'intéreffer votre recon-
" noiffance, n'eft-ce pas ?" dit-il en me fixant
tendrement.—Je craignis que cela ne devînt trop
férieux, & ce n'étoit pas là mon compte. " Oui,
" demain," dis-je d'un ton badin, " à demain
" les paffe-ports, après demain le départ, & enfuite
" le plaifir de vous remercier de ma liberté." Il
continua de defcendre. " Venez demain de meil-
" leure heure," lui criai-je.

On s'imagine quelle devoit être toute mon impatience ; auffi, dès midi, j'avois déjà regardé à
ma fenêtre, pour voir s'il n'arrivoit point, & j'y
revenois fans ceffe. Non, jamais journée ne me
parut auffi longue. Cependant le moment de fon
retour ne pouvoit déformais être éloigné ; & je
croyois toucher, pour le coup, au terme de ma délivrance, lorfque l'aventure la plus fingulièrement
malheureufe, vint détruire un fi beau plan, & me
livrer entre les mains des bourreaux.

A force de me montrer à la fenêtre, & de me
retirer, j'induifis en erreur un pauvre foldat à demi-
ivre, qui s'avifa de vouloir me rendre vifite. Le
malheur voulut que ce fût précifément au moment
où l'officier arrivoit ; ils fe rencontrèrent tous deux
à ma porte, & je fus bien furpris d'entendre le commencement de leur querelle.

" Camarade, que venez-vous chercher ici ?" dit
l'officier en l'éloignant.—" Eh ! parbleu ! ce que
" vous venez y chercher vous-même... j'y étois
" le premier, & vous ne m'empêcherez pas d'en
" profiter, j'eſpère : je bataillerois plutôt contre
" le Père Eternel..."—Il crie ; j'ouvre la porte, &
veux me précipiter pour terminer le ſcandale.....
Mais, ô douleur ! ils entrent tous deux en ſe
colletant, & mon ivrogne va tomber dans l'em-
braſure de la fenêtre en criant à tue-tête : " Au
" meurtre ! au ſecours ! à l'aſſaſſinat !"

Qu'on ſe faſſe une idée de l'eſclandre : la foule
ſe preſſe ; toute la promenade eſt auſſitôt en émoi,
& la garde monte.   Fidelle aux loix de l'égalité,
elle ſaiſit en même temps & l'officier & le ſoldat.
J'oſe me haſarder à faire quelques remontrances
en faveur du premier ; mais quelques voix ſcélé-
rates ſe mettent à crier : " En priſon la fille ! auſſi,
" en priſon... c'eſt indigne !... elles ſont toutes
" payées par les Ariſtocrates, pour faire égorger
" les patriotes."—Qu'on juge de ma décontenancé
à cette attaque ſi peu prévue. Je voulus balbutier
quelques paroles : ce fut en vain ; on ſe ſaiſit de
ma perſonne, & l'on me fit marcher en priſon.

On imagine aiſément quel devoit être mon
abattement & mon déſeſpoir : heureuſement la
réſignation commençoit à me devenir familière.
Je tombai entre les mains d'un vieux geolier ra-
doteur

4

doteur & ivrogne, le feul en France peut-être, à qui la révolution n'avoit point ôté fa place. Il me fallut acheter fes complaifances, non feulement à force d'argent, mais encore au prix de fon tédieux bavardage. Je fus bientôt fon hiftoire, & celle de tous fes prifonniers. A travers tout cela, il ne manquoit pas de me glifler, de temps à autre, quelques galanteries de fon efpèce.—" Il " aimoit mieux," me difoit-il finement, " deux " femmes dans fes fers, qu'une douzaine d'hommes : " il y avoit au moins avec qui caufer avec celles- " là ; & d'ailleurs elles étoient plus généreufes. " Par exemple, j'en ai une dans ce moment," difoit-il en fe baifant délicatement les doigts, " ô ! ma foi, c'eft la perle des femmes.... c'eft " à convertir toutes mes prifons. Comme elle eft " belle ! comme elle eft bonne ! Quel dommage " que ça pourrifle au cachot... car elle y eft pour " long-temps, au moins fi on attend que la paix " fe rétablifle en France. Ma foi, tout va bien : " c'eft bien fûr ; je ne difons pas le contraire : " mais avec çà, je croyons bien que je ne re- " verrons jamais de ces jours comme quand j'é- " tions enfant, qu'on n'entendoit parler de rien, " qu'un chacun labouroit tranquillement fon " champ, & vendoit en paix dans fa boutique.... " Oh ! non, non, je n'en verrons plus, ni per- " fonne, au moins. Je ne fommes pas bien fin,

I

" mais je voyons çà, pourtant au bout de mon nez.

" Eh bien !..... pour revenir donc à cette
" Dame," continuoit-il, " c'est par ma foi auffi
" trop févère. Diriez-vous qu'elle est ici pour
" avoir été trouvée en habit d'homme ? C'é-
" toit quelqu'avanture d'amour, je gage ; & dà !
" elle est bien faite pour çà. Eh bien ! croiriez-
" vous que c'est pour cela feul qu'on la met en
" prifon, pour le refte de fes jours ? Je leur en
" paffe bien ; mais pour celle-ci !... Oh ! c'est
" trop, en vérité."

Parmi cent hiftoires pareillement narrées, je
répète celle-ci avec complaifance : on verra bientôt
tout l'intérêt qu'elle doit m'infpirer, & le regret
que j'ai dû fentir depuis, de n'en avoir pas fu
davantage.

Le lendemain de mon emprifonnement, mon vieux
geolier vint m'apprendre que je devois être examiné
le jour même. Je le priai alors de me garder deux
petits paquets jufqu'au retour de devant mes Juges :
l'un étoit de quelques affignats, que je deftinois à
devenir fa récompenfe quand il me rendroit l'autre.
Pour celui-ci, c'étoit mon unique, mon véritable
tréfor : c'étoit le portrait charmant de ma Joféphine chérie, le doux confident de toutes mes
peines, le confolateur fidèle de toutes mes infortunes ; il ne m'avoit pas plus quitté que fa penfée ; & comme je voulois mourir avec lui, & que

je redoutois la recherche ou la barbarie de mes Juges, je croyois cette absence néceffaire pour m'en affurer mieux enfuite la poffeffion. Vainement, hélas ! qui m'eût dit que cette précaution me feroit fi funefte, & qu'en le dépofant volontairement, c'étoit m'en dépouiller moi-même... Pardonnez, ô ma Joféphine ! pardonnez... mes regrets expient affez mon injure. Hélas ! elle m'a fauvé la vie, la perte de ce portrait adoré ; & pourtant, à ce prix, je le regrette encore !...

Mon examen ne fe fit point le jour indiqué : il fut renvoyé au lendemain : ce jour-là on vint me prendre, & l'on me conduifit au Tribunal de Police. Quand ce fut à mon tour à paroître, le Juge, qui étoit un vieux renard cacochime, me fixant avec complaifance de fes deux larges lunettes, me fit approcher de fort près. " Eh bien ! mon enfant," me dit-il d'un air doucereux, " eft-ce donc vous " qui employez vos charmes à femer la difcorde " parmi nos jeunes citoyens ? Cela n'eft pas bien, " en vérité. Nous ne fommes pas tyrans, & nous " ne gênons guères votre liberté : nous vous " permettons certainement de faire à votre aife " le bonheur de tous nos frères ; mais de les faire " égorger...Ah ! ah !... en vérité, ma belle enfant, la " nature ne vous a pas fait fi jolie pour cela."— J'allois répondre, & à l'air bien intentionné de l'affectueux Magiftrat, je concevois l'efpoir de m'en

tirer, quand le vieux pénard s'avifa de vouloir
me confidérer de plus près.—"Levez donc ce voile,
" mignonè ; la Juftice aime la vérité toute nue."
Et tout en parlant, fa main indifcrète exécutoit
fa fatale volonté. On s'imagine aifément tout mon
embarras. " Mais voyez," continua-t-il, " comme
" elle a l'air douce & timide ; ne la prendroit-on
" pas pour une fainte ? Tenez, belle enfant,
" entre nous autres fonctionnaires publics, nous
" devons nous paffer quelque chofe ; promettez-
" moi feulement que vous ne pêcherez plus, & je
" vous renvoie à vos douces fonctions."—Il finiffoit à peine ces dernières paroles, que j'entendis
murmurer autour de moi quelques voix diaboliques,
parmi la foule qui environnoit l'enceinte.—"Ce
" n'eft pas une femme," difoit l'un.—" Mais non,
" certainement," difoit l'autre. En effet, deux
jours de négligence dans ma parure avoit fuffi pour
trahir complètement mon fexe.—" Monfieur le
" Juge," cria-t-on auffitôt de tous côtés, " l'on
" vous trompe : ce n'eft pas une femme ; elle a de
" la barbe.... C'eft un Mufcadin déguifé," répé-
toit-on de toutes parts.—" Comment ?" dit le Juge
d'un air confus, abandonnant vîtement la main
qu'il avoit amoureufement tenue jufques - là,
" quoi !... auriez-vous voulu en impofer à la
" juftice ?..."

Alors, me voyant perdu fans reffources, je fon-

geai à mourir avec courage. " Non, je ne fuis
" point un Mufcadin," m'écriai-je d'une voix
ferme & affurée, " je fuis mieux que cela ; je fuis
" un franc Royalifte, &, pour tout dire en un
" mot, un Emigré profcrit. Depuis le commence-
" ment de la révolution, je n'ai ceffé de fervir mon
" Roi, ma patrie, & mes citoyens aveuglés, de
" mon cœur, de mes vœux, & de mon épée.
" Un malheur inoui m'a jeté au milieu de vous :
" c'eft en vain que j'ai cherché à me fauver : puif-
" que je ne puis échapper à votre barbarie, pre-
" nez votre victime ; ajoutez à vos crimes ; con-
" tinuez de déshonorer la France au dehors, de la
" rendre un vafte tombeau au dedans, & puis van-
" tez votre bonheur & votre liberté." On m'é-
coutoit en filence. " Mais avant de mourir," con-
tinuai-je, " je dois à la juftice de déclarer que
" l'honnête officier qui fut arrêté avant hier, à
" mon fujet, & par le moyen duquel j'ai été bien
" près d'obtenir ma délivrance, ne me connoiffoit
" pas du tout. Je l'ai trompé : je lui en demande
" pardon, & je le crois trop jufte, trop raifonnable,
" pour ne pas excufer mon innocente fupercherie."

Mon difcours avoit produit un grand effet ;
perfonne ne répliqua. Le Juge, quand j'eus ceffé
de parler, obfervant que je n'étois point de fon
reffort, ordonna fans colère à l'Huiffier, de me
conduire au Tribunal Révolutionnaire.

C'étoit dans une chambre voifine, où près de 50 de ce qu'ils appellent rebelles recevoient leur fentence de mort.—" C'eft un Emigré," dit mon introductenr au Repréfentant du Peuple, qui fe trouva précifément à la porte. Le monftre ! il me femble le voir encore, les yeux ardens, le vifage animé.—" Un Emigré !" dit-il en épanouiffant fes traits, & me faifant une falutation ironique, " un Emigré !… c'eft du département de la guil-" lotine. A demain donc, car aujourd'hui l'on " fufille."

Alors je fus reconduit à mon geolier, qui reçut en même temps l'ordre de changer mes vêtemens. —" Quoi !" me difoit-il d'un air étonné, en me remettant des haillons d'homme, " vous auffi ! " Mais tout le monde eft donc fou. Je n'y com-" prends rien. D'un côté, c'eft une femme qu'on " emprifonne pour s'être habillée en homme ; " de l'autre, c'eft un homme qu'on va guillotiner " pour s'être habillé en femme. Par ma foi les " Juges n'y entendent rien. Pour moi, puifque " vous avez des goûts fi bizarres, je vous marierois " enfemble : voilà toute la punition que je vous " donnerois. Mais je le répète encore : aujour-" d'hui on n'y entend plus rien."—Je n'étois guères d'humeur d'écouter ce vieil imbécille.— " C'eft bon, mon ami ; laiffez-moi tranquille," lui dis-je : " allez feulement me chercher le portrait

" que je vous ai confié : quant aux affignats, je
" vous les donne."

On s'imagine combien mes réflexions durent
être pénibles & cruelles. Le fouvenir de mes
amis occupoient mes derniers inftans : ma Joféphine fur-tout les rempliffoit d'amertume, &
cependant les rendoit plus fupportables. Il y avoit
long-temps que mon geolier m'avoit quitté ; la
nuit étoit tout-à-fait venue, & mon homme ne
revenoit point : enfin il arriva ; mais ce n'étoit
plus le même, & j'eus de la peine à le recon-
noître, tant il avoit l'air important, myftérieux,
& pourtant embarraffé. Je crus vraiment qu'il venoit m'annoncer l'heure fatale.—" Mon portrait ?"
lui dis-je avec impatience.—" Votre portrait,...
" Monfieur, je ne l'ai plus."—" Qu'appelez-
" vous ?..." lui dis-je, le faififfant avec fureur,
" vous le rendrez tout-à-l'heure, ou vous êtes
" mort...."—" Parlez bas," me dit-il ; " je n'ap-
" porte pas votre portrait, mais je viens vous fau-
" ver la vie. Vous favez, cette Dame d'ici à côté,
" dont je vous ai parlé... Ciel ! comme elle eft
" bonne ! Elle a tant pleuré !... eh bien ! elle a
" gardé le portrait, & veut que je vous délivre à
" ce prix... elle m'a dit auffi... mais je cours
" rifque, fi je vous en dis davantage... Dans votre
" route, ou quelque part comme çà, vous l'appren-
" drez, peut-être."—Je voulus répliquer, & tâcher

d'obtenir un jargon moins inintelligible.—" Mon-
" fieur," me dit-il en prenant un air d'autorité,
" il n'y a pas de temps à perdre : fuivez ce petit
" garçon que vous allez trouver à la porte, &
" faites tout ce qu'il vous indiquera. Sur-tout
" promptement, car dans une heure je vais dé-
" clarer que vous vous êtes fauvé."

Effectivement je fors, je cours, je traverfe plufieurs rues, je defcends fous le pont de la Saone,
& j'entre dans un petit batelet. L'enfant lâche
une corde, & je gliffe rapidement au gré du fleuve
impétueux.

———————————

*Le Comte de C... au fervice d'un gros Commer-
çant de beftiaux, parcourt, fous ce déguifement,
une partie du Bas-Languedoc, tout le Gévaudan,
& les Cévennes.—Etat & difpofition de ce pays,
& des contrées voifines.—Le Comte de C... fe
décide à tenter d'autres hafards ; il abandonne
fon gros Commerçant, & va, dans une ville voifine, fe donner, fous un nom Italien, pour Maître
de Mufique chez la Baronne de ***.*

LA nuit étoit fombre, & le froid exceffif. Le
nouveau péril auquel j'étois expofé en ce moment,
n'étoit guères moins dangereux que celui auquel

je

je venois d'échapper par une circonstance merveil-
leuse, à laquelle je n'ai encore rien pu comprendre
jusqu'ici. Je crus cent fois que je périrois par les
horreurs du naufrage, ou par la rigueur du froid.
Je restai plus de douze heures dans cette alterna-
tive affreuse. Au bout de ce temps, le hasard seul,
car j'étois hors d'état de gouverner, me poussa sur
un lit de jong qui bordoit la rive droite du Rhône,
un peu au-dessus de Viviers.

Je gagnai la terre comme je pus, & pris le premier chemin que je trouvai : j'y rencontrai un
jeune paysan, qui se rendoit à pied, dans la petite
ville d'*Aramont*, encore éloignée de quelques lieues.
Nous marchâmes ensemble, & bientôt nous eûmes
fait connoissance. Je lui confiai que je courois le
pays, pour chercher du travail.—"J'ai votre affaire,"
me dit-il, "j'appartiens à un maître qui cherche pré-
" cisément quelqu'un : c'est un gros commerçant
" en bestiaux ; les réquisitions lui ont enlevé la
" plupart de ses garçons, & je vois que vous lui
" conviendrez parfaitement."

En effet, du premier abord je fus accepté par
le bon fermier, qui, à titre de dernier venu & de
plus ingambe, me destina à le suivre dans toutes
ses courses des montagnes. Je regardai long-temps
cet effet du hasard, comme un coup de la Provi-

K

dence. Rien ne convenoit plus à ma situation &
à mes projets. Pendant les six semaines que
j'occupai mon nouvel emploi, j'eus tout le temps
d'examiner à mon aise, & en sureté, la position des
lieux & la situation des esprits. Je parcourus souvent, dans toute leur étendue, ces montagnes du
Gévaudan & des Cévennes, depuis l'extrémité
nord, d'où l'on découvre le pays délicieux de la
Limagne, jusqu'à la pointe méridionale, d'où l'on
plane sur les riches plaines du Bas-Languedoc.
Là il est impossible de s'arracher au contraste affli-
geant que présentent la nature & les hommes : le
plus doux des spectacles frappe les regards & commandent le ravissement ; d'immenses forêts d'oli-
viers tapissent la terre à perte de vue ; le ciel,
toujours pur, toujours serein, couronne leur cîme
grisâtre ; un atmosphère paisible & doux agite à
peine leurs tranquilles rameaux, & ménage un
éternel silence ; tandis que les hommes, cent fois
pire que les bêtes féroces, s'entredéchirent sous leur
ombrage, & arrosent de sang leurs racines paci-
fiques.

Entraîné par ces charmes séducteurs, j'ai hasardé
plus d'une fois quelques pas timides dans cette
plaine favorite de la nature ; mais toujours j'ai re-
culé, frémissant d'horreur à l'aspect des monstres
qui l'habitent, & des crimes qu'ils commettent.

La chaleur du climat rend les habitans plus ardens ; la pratique d'une religion long-tems prof-
crite, les fait plus haineux ; la beauté du pays
attire beaucoup plus de ces révolutionnaires errans,
qui courent *pour élever les peuples*, difent-ils, *à la
hauteur de la révolution* : enfin, la richeffe & la
grande population fixe davantage l'attention de la
Convention, qui ne néglige rien pour corrompre
l'efprit public, & enflammer la multitude. Voilà
les caufes nombreufes qui contribuent à rendre
ce canton un des plus méchans & des plus enragés
du royaume. Ajoutez à cela que les gens honnêtes,
les efprits doux, ont fui de bonne heure, & cédé
la place aux coquins qui font accourus en foule.
Des clubs fe font formés à chaque pas, & des guil-
lotines fe font élevées de tous côtés : l'intolérance
& le fanguinifme ont été portés au comble ; les
arreftations font devenues générales, & les exécutions fréquentes.

Voilà en peu de mots, la peinture affligeante &
fidelle de cette plaine délicieufe, que la nature fembloit avoir deftinée bien plutôt au paifible féjour
de l'innocence & du bonheur.

C'eft ainfi qu'en exécutant les commiffions de
mon maître, ou conduifant lentement quelques
troupeaux, je vifitois tous les pays qui m'environ-

noient. Je vis dans une de mes courſes & le
château ſolitaire de BANES, & le camp tortueux
du JALLÈS, lieux fameux qui nourrirent trop ſouvent de fauſſes eſpérances, & dont la force n'exiſta
jamais que dans des bouches trompeuſes, ou dans
des eſprits crédules. Par-tout, excepté dans la
plaine malheureuſe dont je viens de parler, je trouvai des peuples aiſés à ſéduire, mais difficiles à ſou-
lever. Tous étoient las, & déteſtoient la tyrannie,
mais pourtant demeuroient dociles aux tyrans.
Des adminiſtrateurs inſolens & cruels, entourés de
ſatellites nombreux, parcouroient ſouvent le pays,
pour maintenir la terreur par leur préſence, & diſſi-
per les complots par leurs meſures. Dans leur
chemin, ils enlevoient ſoigneuſement la jeuneſſe
dangereuſe, & la faiſoient tranſporter à leurs armées. De petites fortereſſes hériſſoient les hauteurs, & toutes les gorges étoient occupées par
des poſtes militaires, qui maîtriſoient ainſi les
mouvemens & la ſubſiſtance de ces turbulens
montagnards, & les plioient ſous le joug de la force
& de la néceſſité. Les patriotes ont imité, pour
ces contrées difficiles, l'exemple de différens peuples
de l'Europe, qui, dans les régions de l'Amérique
& de l'Aſie, ont fondé des Colonies armées pour
gouverner le pays, & ſoumettre les Naturels. Ils
paroiſſoient d'ailleurs s'importer peu de leur opinion politique ; & les laiſſoient entièrement vivre

à leur guife, pourvu qu'ils demeuraffent foumis :
ce font les peuples les moins vexés du royaume.
On ne leur demande point d'impôts, & même on
ne les force point d'obferver les règles nouvelles.
Je les ai vu exercer tranquillement un culte profcrit, & proférer impunément leur attachement à la
Royauté. Des mécontens même, quoiqu'ouvertement déclarés, éprouvoient une efpèce de neutra-
lité, tant que leurs bandes vivoient dans les lieux
efcarpés qui leur fervoient d'afyle. Je m'y fuis
introduit à la faveur de mon déguifement, & j'y
ai rencontré des débris confidérables de l'armée de
Lyon, échappés au fac de cette ville. J'eus l'envie
plus d'une fois de les joindre tout-à-fait, & de
demeurer avec eux ; mais confidérant plus froide-
ment l'impoffibilité actuelle d'obtenir quelques
fuccès ; fachant qu'ils étoient fans chefs, fans armes,
fans vivres & fans argent ; connoiffant la difficulté de fe procurer toutes ces chofes pour le moment, je trouvai plus avantageux & plus fage de
continuer à jouir tranquillement de la fureté de
mon déguifement, d'autant plus qu'il me reftoit
toujours la facilité de m'y rallier dans un moment
plus favorable : il arrivera, j'efpère ! & ces montagnes font un pofte trop important, pour ne pas
attirer l'attention de notre parti. Devenu de tous
les temps l'abri du foible contre le fort, fi jamais
le Ciel, rendant à la juftice fon cours éternel, per-

met qu'on renverfe les monftres qui déchirent la France, il n'eft pas douteux que le débri des factieux ne vienne chercher un afyle dans ces lieux inabordables : qu'alors on fe foulève ; qu'on chaffé au dehors ceux qui s'y trouvent ; qu'on en défende l'entrée à ceux qui fe préfenteront... ou bien que tous les peuples voifins s'attendent à voir des années entières éternifer leurs maux & leur mifère, par les fléaux que précipiteront fur eux les torrens de ces montagnes.

Satisfait de mes recherches au milieu du peuple, je voulus connoître encore l'efprit des claffes fupérieures. Abandonnant donc mon patron, je fus à quelques diftances m'établir dans une grande ville, que la prudence me force de taire. Je favois que les artiftes étoient exceptés du décret terrible qui profcrivoit tous les étrangers ; & comme je parlois fort bien l'Italien, que je ne deffinois pas mal, & que j'étois affez bon muficien, il me vint dans l'idée de me préfenter fous le nom de *Déodato* en qualité de maître de mufique & de peinture. J'eus bientôt quelques écoliers, entre autres les deux filles de la Baronne de ***.

Histoire de la Baronne de ***.—Ses bonnes intentions pour le Comte : succès de celui-ci dans son nouvel emploi.—Aventure extraordinaire.— Crainte & embarras du Comte, vis-à-vis d'un Inconnu, qui se découvre enfin, & le remplit d'étonnement & de surprise.

LA Baronne de *** étoit une étrangère fixée dans le pays, depuis la révolution seulement ; mais qui s'y étoit fait connoître bientôt par ses richesses, sa prodigalité, son luxe, & sur-tout son ardeur révolutionnaire. Elle avoit acheté, à quelque distance de la ville, une Chartreuse célèbre ; &, par une destinée bizarre, cette retraite austère étoit devenue tout-à-coup, entre ses mains profanes, le temple des plaisirs les plus libres, Elle y rassembloit, de temps à autre, des patriotes fameux & importans, tels que des *Commissaires de la Convention*, des *Administrateurs de Départemens*, & des individus de grands talens & de grandes espérances. Tous ces gens accouroient des contrées voisines, quelquefois même de très-loin, pour assister aux orgies nocturnes que leur procuroit l'aimable Baronne, & qui n'étoient autre chose que le culte de la religion nouvelle, c'est-à-dire, des fêtes à la Nature & à la Raison. Ce qu'il y avoit de plaisant, c'eft que comme elles étoient accompagnées de cérémonies & de myftères inconnus jufques-là, le peuple des environs, qui ne s'étoit point encore élevé à la hauteur des lumières & des principes révolutionnaires, prenoit la Baronne & fa troupe pour autant de forciers, & difoit de bonne foi, " Que la fainte Chartreufe étoit devenue la bou- " tique du Diable."

Je fentis tout de fuite combien la connoiffance de la Baronne pourroit m'être précieufe par fes alentours & fa réputation. Auffi, dès le premier inftant, je fis tous mes efforts pour parvenir jufqu'à elle, & je ne tardai pas long-temps à réuffir au-delà de mes efpérances.

Un jour qu'elle étoit venue, par hafard, aux leçons de fes filles, je faifis adroitement l'occafion de caufer avec elle ; elle étoit inftruite, & poffé-doit un efprit agréable & facile. Nous parlâmes beaucoup, & nous nous étendîmes principalement fur les arts, les fciences, & la littérature. Je fis de mon mieux, & ma converfation eut le bon-heur de lui plaire. Depuis, elle ne manqua guères d'affifter aux leçons de fes enfans ; & bientôt fa familiarité & ma faveur n'eurent plus de bornes. A la vérité, je dus ma fortune à une petite cir-conftance qui me fervit admirablement bien.

Elle

Elle ne parloit jamais qu'en tutoyant. Cet ufage, introduit depuis long-temps à Paris, pratiqué généralement aujourd'hui dans toute l'étendue de la France, n'étoit encore à la mode dans les provinces que parmi les Démocrates du bon ton : or, la Baronne étoit belle, & jeune encore ; fa figure étoit pleine de graces & de vivacité ; fa voix touchante, fon air libre & décidé. A préfent qu'on·fe repréfente mon étonnement & mon embarras, lorfque, pour la première fois, des·fons fi familiers & fi doux vinrent frapper mes oreilles refpectueufes & timides. J'en étois déconcerté fans ceffe, & jamais elle ne m'adreffoit la parole, qu'une rougeur foudaine n'atteftât mon embarras & ma timidité : elle s'en amufoit au poffible, & ne m'en parloit que plus fouvent & avec plus d'affectation : bientôt elle voulut que je ne l'entretinffe plus que dans le même langage ; & quand je ne pouvois prendre fur moi d'obéir, ce qui m'arrivoit fouvent, nous avions de grandes querelles fans pouvoir jamais nous accorder ; car elle finiffoit toujours par me foutenir que fi je ne lui difois pas *tu*, c'eft parce que je n'aimois pas affez la *liberté* ; & moi, au contraire, je foutenois avec fineffe, que c'étoit parce que je redoutois trop l'*efclavage*, & elle m'entendoit à merveille.

Ces petites particularités qui la firent s'occuper fouvent de moi, & me mirent à même de

L

l'entretenir souvent d'elle, jointes à la décence de mes manières, & à la pureté de mes paroles, qui étoient fi étrangères à ceux qui l'entouroient, peut-être auffi la jeuneffe de mon âge—enfin, que fais-je? Il eft fi difficile de dire précifément ce qui infpire le caprice & la tendreffe : ce qu'il y a de certain, c'eft qu'elle en prît une véritable pour moi, & qu'il me fut bientôt impoffible de ne pas le voir dans fes regards, dans fes paroles, & fur-tout dans fon obli-geance :—"*Deodato*," me dit-elle affectueufement un jour, " fi tu veux abandonner tes autres éco-
" liers de la ville, je t'offre ma maifon & l'infti-
" tution de mes enfans ; tu feras de la famille, &
" nous ne nous quitterons plus. Tu es jeune, &
" tu as de l'efprit : avec ces qualités aujourd'hui,
" l'on peut raifonnablement prétendre à tout.
" Laiffe donc un état trop au-deffous de toi ; dé-
" fais-toi fur-tout d'une indifférence dangereufe
" & nuifible ; qu'une noble ambition, au contraire,
" enflamme ton cœur, & te jette dans une carrière
" plus digne de tes talens... Ah ! fi tu voulois
" feulement t'en fier à moi," ajoutoit-elle tendre-
" ment, & te laiffer conduire... oui, je te le pro-
" mets, par mes foins tu jouerois bientôt un grand
" rôle, & tu ferois une fortune brillante dans la
" révolution... Et tandis que fa bouche me promettoit des triomphes civiques, fes yeux affectueux & tendres m'en laiffoient entrevoir d'autres

aſſez clairement. On peut croire que j'acceptai
volontiers ce que m'offroit ſa bouche ; mais je me
donnai bien de garde d'entendre ce que me diſoient
ſes yeux ; mon embarras eût trop augmenté, &
j'aurois cru me rendre trop criminel. Mon tuteur
m'avoit répété ſi ſouvent, que le comble de la dé-
licateſſe & de la galanterie étoit de reſpecter toutes
les femmes & de n'en aimer qu'une, ma Joſéphine
m'avoit rendu cette maxime ſi naturelle & ſi facile,
qu'il ne m'en coûtoit guères de lui demeurer fidèle.

Cependant la tendreſſe de la Baronne s'irritoit,
je crois, par les obſtacles, & ſembloit augmenter
par ma *bêtiſe* ; car je m'attends bien que c'eſt ainſi
qu'on va traiter mes pauvres principes, qui depuis
ſi long-temps ne ſont plus de ſaiſon. Chaque jour
je recevois des témoignages nouveaux de ſa faveur,
& de nouvelles preuves de ſon intérêt. Elle me
préſenta ſoigneuſement à ſes nombreux amis ; &
chacun d'eux me ſuppoſant un bonheur que je ne
ſavois pas mériter, me traita de la manière la plus
diſtinguée. Bientôt je fus admis dans la retraite
enchantée qui les réuniſſoit tous. Là, j'eus ma
part des fêtes & des plaiſirs ; mais, malgré tout ſon
crédit, je ne pus obtenir celle des ſecrets & des
myſtères : on me jugea trop peu d'expérience &
de diſcrétion pour m'initier tout de ſuite, & l'on
me condamna à des épreuves longues, mais faciles.

La clause étoit trop douce pour avoir à m'en plaindre, & je m'estimai trop heureux d'acheter le silence du passé, par l'examen de l'avenir.

Cependant les jours s'écouloient au sein des plaisirs, sans crainte ni danger pour moi. Tout alloit à merveille : je marchois grandement à mon but, & j'aurois été tout-à-fait tranquille, si parmi le cortège nombreux qui se pressoit en foule autour de notre aimable Déesse, je n'eus rencontré, à chaque pas & toujours, une figure ennemie de mon repos.

C'étoit un vieux homme à l'œil pénétrant, au front sévère, qui sembloit avoir pris à tâche de m'épier continuellement : on eût dit que ce maudit personnage s'étoit voué à me persécuter; ses regards me poursuivoient par-tout, & ses paroles m'attaquoient sans cesse : si nous étions en compagnie, ses yeux importuns en vouloient à tous mes mouvemens ; si nous étions seuls, sa conversation fondoit aussitôt mes principes révolutionnaires : & soit adresse de sa part, soit embarras de la mienne, il ne manquoit jamais d'en faire ressortir à l'instant toute la foiblesse & la fausseté. Je sentois le danger dont il vouloit m'envelopper, & je le fuyois avec soin ; mais c'étoit en vain, je le retrouvois sur tous mes pas. Je cherchai long-temps le motif d'un acharnement si particulier : je le crus un instant jaloux de mon bonheur auprès de notre commune maîtreſſe, & cela me faiſoit maudire, cent fois le jour, mon étoile trop heureuſe, & le redoutable rival qu'elle m'oppoſoit. Enfin, je découvris, non ſans effroi, la cauſe d'une conduite ſi extraordinaire.

Je me ſervois de mes talens pour me faire des amis ; & déjà j'avois fait le portrait de pluſieurs perſonnes de la ſociété, quand mon terrible perſécuteur s'aviſa de me demander le ſien : j'avois trop d'intérêt à le gagner pour ne pas m'empreſſer à le ſatisfaire ; auſſi j'abandonnai tout pour le ſervir, & déjà deux ſéances s'étoient paſſées avec ſon inquiſition accoutumée, & ma contrainte ordinaire, lorſque vers le milieu de la troiſième, après m'avoir fixé d'une manière tout-à-fait particulière, je le vis avec inquiétude ſe lever d'un air agité, aller fermer ſoigneuſement la porte de ſa chambre, puis celle de ſon cabinet, & revenant enſuite à moi :— " C'en eſt aſſez, Monſieur," me dit-il d'un air à me faire frémir, " mes épreuves ſont complettes, " & je ſuis ſûr à préſent de mon fait ; vous n'êtes " point un bon Patriote, vous n'êtes qu'un Roya- " liſte déguiſé."—On juge de l'état où me mirent ces paroles, & le retour ſubit de toutes les réflexions que m'avoit inſpiré cet homme terrible : je me vis

3

perdu, & ne fachant plus ce que je difois, je voulus balbutier quelques paroles pour me défendre;
mais il fe mit à fourire de mon trouble :—" Jetez
" les yeux là-dedans," me dit-il en me préfentant
un miroir qui fe trouvoit fous fa main, " regardez-
" vous un moment, & dites vous-même ce qu'il
" faut que j'en penfe."

Effectivement, j'avois tellement perdu la tête,
que j'étois hors d'état de pouvoir rien diftinguer
fur ce témoignage trop fidèle de mon embarras &
de ma condamnation.—" Croyez-moi, Monfieur,"
ajoutoit-il d'un air triomphant, " ce n'eft point la
" diffimulation de votre âge qui en impofera à
" l'expérience du mien ; vous êtes un Royalifte
" déguifé, vous dis-je, ne vous en défendez plus,
" c'eft ce que vous avez de mieux à faire."

Alors recueillant toutes mes forces, & pourtant
héfitant à chaque mot : " Mais, Monfieur," répon-
dis-je, " ne pourrois-je pas penfer différemment que
" vous, & cependant n'être pas très-criminel ?"—
Ces mots le fatisfirent : il eut pitié de ma peine, &
changeant tout-à-coup de ton & de langage : " Raf-
" furez-vous," me dit-il à voix baffe, " il m'importoit
" de vous en faire convenir. A préfent, je vais vous
" rendre confidence pour confidence, & vous verrez

« que je fuis plus votre ami que vous ne penfez :
« nous avons la même opinion, les mêmes prin-
« cipes, & nous fervons la même caufe ; vous
« en ferez convaincu, lorfque vous faurez qui je
« fuis. »

Alors il fe nomma. Que ne m'eft-il permis de
faire partager au lecteur l'étonnement & la furprife
que me caufa fon nom. En vérité, je crus rêver,
& j'eus befoin de porter plufieurs fois ma main à
mes yeux pour me convaincre que j'étois éveillé.

Oui, » continua-t-il, « je fuis cet homme mort
« fi publiquement pour avoir aimé fon Roi, & qui
« pourtant vit encore pour le fervir avec plus
« d'ardeur que jamais. Mes ennemis ont bien eu
« quelque idée de mon exiftence ; ils ont cru un
« moment en avoir retrouvé les traces, & ont pu-
« blié m'avoir vu, où certainement je n'ai jamais
« été. Depuis long-temps, je vis ici tranquille,
« à l'abri de tout danger, parce que l'art a déna-
« turé mes traits ; & c'eft à la faveur de ce déguife-
« ment que je ne ceffe de m'occuper avec avantage
« des moyens de concourir à une vengeance ver-
« tueufe & légitime. Terminons à préfent la
« féance que vous avez bien voulu me donner, &
« qui paroîtroit peut-être trop longue. Nous

" devons éviter fur-tout de donner aucun foupçon.
" J'efpère que vous voudrez bien m'en accorder
" d'autres, & j'ofe croire qu'elles vous feront
" d'une nature plus agréable. Je vous apprendrai
" bien des chofes qui vous intérefferont, & vous
" verrez en même temps, que vous pouvez m'être
" fort utile pour le bien de la caufe commune.
" C'eft la grande raifon qui m'a fait me découvrir
" à vous ; & je fuis bien fûr que je n'ai point
" commis d'imprudence en vous livrant mon
" fecret, car je crois vous avoir affez étudié avant
" de m'y être décidé."

Ainfi fe termina cette féance, dont le début
m'avoit tant effrayé, & dont le dénouement me
donna tant de fatisfaction.

Détails

Détails intéreſſans & curieux donnés par l'Inconnu,
au COMTE DE *C...*

LE lecteur devine ſans doute combien durent
être intéreſſantes mes entrevues avec l'*inconnu*,
car c'eſt le nom que je ſuis forcé de lui donner.
Outre bien des faits importans que je ne puis publier, il me fit connoître à fond l'hiſtoire de tous
les perſonnages qui environnoient l'aimable Baronne ; il m'inſtruiſit de leur caractère, de leurs
plans, & de leurs vues.

" Rien de plus bizarre," me dit-il, " que la
" manière dont s'eſt formée notre liaiſon ; rien de
" plus naturel que le motif qui l'a fait naître, &
" rien de plus fort que la néceſſité qui la conſerve.
" Nous étions pour la plupart étrangers les uns aux
" autres quand nous nous ſommes rencontrés ;
" mais la politique & l'intérêt nous faiſoient une
" loi commune de nous unir, & nous nous ſommes
" pris ſans examen & ſans preuves ; chacun de nous
" s'eſt donné pour ce qu'il a voulu ; & depuis,
" nous nous ſommes gardés ſans nous inquiéter, ni

M

« nous nuire : les dangers que nous avons eus fans
« cesse à prévenir au dehors, ont maintenu notre
« union au dedans, & fans doute cette rare har-
« monie durera aussi long-temps que les caufes
« qui lui ont donné naissance. En peu de mots,
« voilà l'histoire de la société nombreuse que vous
« voyez fans cesse : la Baronne, qui croit en être
« l'ame, n'en est que le prétexte ; c'est une femme
« dont le cœur est bon, mais dont la tête est perdue:
« son avidité pour les plaifirs, son enthoufiasme pour
« la nouveauté, en ont fait une ardente révolution-
« naire, & c'est l'enseigne autour de laquelle font
« venus fe ranger en foule les gens qui l'ont jugée
« la plus sure & la plus favorable à leurs projets.
« Elle croit n'avoir autour d'elle que des amans
« occupés à lui plaire, ou de patriotes jaloux de
« feconder son zèle, & pourtant elle n'est entourée
« que de gens qui s'occupent feulement de leurs
« intérêts perfonnels, & qui mûriffent chaque
« jour des complots funestes à l'autorité qui gou-
« verne aujourd'hui : ils ne fe preffent autour d'elle
« que pour être moins recherchés fous son ombrage
« révolutionnaire ; & s'ils ont l'air de s'abandon-
« ner fans réferve à la diffipation qu'elle infpire,
« c'est pour paroître à ceux qui les obfervent, moins
« dangereux & moins à craindre. Aussi tous pro-
« diguent l'argent à cette divinité falutaire, tous
« excitent & partagent fes plaifirs ; mais c'est pour

4

" trouver la paix dans fon temple, & s'affurer la
" victoire par fon culte.

" Ne foyez pourtant point la dupe de l'accord
" paffager qui règne parmi tous ces perfonnages,
" non plus que de leur unanimité actuelle, qui
" vous étonne fans doute : ils font bien loin de
" marcher au même but, & d'avoir des intentions
" communes ; la plupart au contraire font guidés
" par des intérêts différens, & même oppofés.
" Si donc ils ne fe battent point entre eux, c'est
" qu'ils font tous occupés pour le moment à éviter
" un naufrage commun, & qu'ils cherchent, de
" concert, l'abordage précieux qui leur eft nécef-
" faire à tous. A la vérité, perfonne n'a ofé pro-
" pofer en règle le plan qui fait agir en ce moment
" la fociété entière ; mais chacun l'a compris ; &
" tous, par une efpèce de convention tacite, en
" font leur unique objet, & leur fecret le plus cher.
" C'eft pour cela, que fous les apparences de la
" gaieté, ils ont trouvé le moyen de fatisfaire à la
" prudence, en exigeant déformais le noviciat &
" les épreuves qui vous ont fait exclure. Voici ce
" plan, qui eft auffi fimple que fage.

" Le fein de la Convention & de la capitale
" préfentoit plufieurs factions ennemies & terribles,
" plufieurs hommes dangereux & puiffans, tels que

" les *Cordeliers* & les *Jacobins*, les *Danton* & les
" *Hébert*, les *Roberspierre*, & tant d'autres. Dans
" l'impoſſibilité de les détruire tous, qu'ont fait
" ces gens-ci ? Ils ont eu la prudence habile de
" ſe dégager du champ de bataille, & l'adreſſe de
" demeurer, ſans danger, ſpectateurs tranquilles
" de leurs ſanguinaires combats. Cependant ils ſe
" ſerrent autour de l'arène, & n'attendent, pour y
" deſcendre en force, que le moment favorable
" pour écraſer avec certitude les débris vainqueurs,
" & régner à leur place. Peuvent-ils alors man-
" quer d'armes pour les combattre, ou de raiſons
" pour les condamner ?... Non, ſans doute ; auſſi
" courent-ils à grands pas vers le ſuccès, & il eſt
" infaillible, ſi toutefois leur marche eſt bien con-
" duite. Juſqu'ici je dois conſeſſer que je ne leur
" vois pas faire une faute. Décidés à ſuivre tou-
" jours le vainqueur dans ſa courſe, quels que
" ſoient ſes principes ou ſa direction ; réſolus de
" marcher ſans ceſſe dans le ſens du pouvoir, on
" les voit conſtamment ſoumis à la loi du jour, la
" publier avec emphaſe, & l'exécuter avec oſten-
" tation. Cependant, dans leur route diſcrète ils
" abattent ſans bruit les gens qui pourroient leur
" nuire un jour, & les remplacent ſans éclat par
" ceux dont ils croient n'avoir rien à redouter.
" Ils ſont obligés de ſe faire craindre ; mais ils
" évitent ſoigneuſement de ſe faire haïr. Si leurs

« paroles font terribles, leur conduite eſt aſſez
« douce ; & ſi leurs proclamations font incen-
« diaires, leurs actions font aſſez juſtes. C'eſt ainſi
« qu'ils préparent l'attaque avec habileté, & mé-
« nagent avec adreſſe de grands fruits à la victoire.

« N'en doutez pas, il ſe forme aux extrémités
« de la République une conſpiration fatale à ceux
« qui gouvernent dans ſon centre ; &, ſi je ne
« me trompe, le coup partira d'une main foible
« & timide en apparence, mais courageuſe &
« ferme dans le vrai. Vous rappelez-vous cette
« femme aimable & jolie, qui l'autre jour vint
« en poſte de Bordeaux ? elle ne ſe fit remarquer
« que par ſa folie, & ne brille que par ſa légèreté.
« Vous l'aurez jugé ſans doute incapable d'affaires,
« & ſeulement propre aux plaiſirs... Eh bien !
« croyez-en mes obſervations & ma parole, avant
« ſix mois, cette femme ſera célèbre par ſes revers
« ou ſes triomphes.

« En attendant, chacun marche en ce moment
« de bonne foi an plan général, parce que chacun
« le trouve encore dans le chemin de ſon intérêt
« particulier ; mais le jour du ſuccès, s'il arrive
« jamais, ſera celui de la diſſolution & de la guerre
« parmi les Confédérés. C'eſt la marche inévitable
« de la nature humaine. Peut-être auſſi, ce jour

" fera-t-il celui des choses extraordinaires ; & c'est
" à cette époque que j'ajourne mes jours d'espé-
" rance : ce qui fait, que quant à présent, je sers
" leurs projets de tout mon pouvoir. Cependant,
" au milieu du mouvement général, je me con-
" serve toujours en propre, quelques mouvemens
" indépendans & imperceptibles. Par des voies
" sures & cachées, j'alimente sans cesse le royalisme
" autour de moi, en favorisant les murmures du
" peuple & les exhortations des Prêtres. J'en-
" tretiens ses espérances au loin, en faisant publier
" l'existence de Monsieur de *Précy*, & d'une armée
" royale qui ne parut jamais dans ce canton : enfin,
" je communique par fois dans la Vendée avec ces
" héros étonnans qui sont aujourd'hui les seuls dé-
" fenseurs & les seuls partisans de notre antique
" Monarchie.

" C'est pour ce dernier objet sur-tout que j'ai
" jeté les yeux sur vous," me dit-il;" & vous pou-
" vez être essentiellement utile à notre glorieuse
" & belle cause, qui conserve peut-être encore plus
" de ressources qu'on ne pense. D'ailleurs le vrai
" courage ne désespère jamais ; &, s'il cède quel-
" quefois à des circonstances impérieuses, ce ne
" doit être qu'avec la ferme résolution de les maî-
" triser à son tour."

Le précieux inconnu accompagna ces réflexions générales d'une foule de détails & de faits particuliers qui remplirent tout mon intérêt, & commandent mon fecret. La difcrétion & la fageffe me forcent de les taire encore aujourd'hui. Le temps n'eft pas venu de les publier fans imprudence ; & j'attendois ce moment de mon récit pour arrêter le jugement précipité de certains lecteurs, qui n'auront pas manqué fans doute de me condamner déjà plufieurs fois. Bien certainement ils me doivent une jufte réparation. Je n'ai rien dit que je n'y aie bien réfléchi, & que je n'aie cru pouvoir le dire fans danger. Je jure que rien n'a échappé au défir violent, qu'on éprouve toujours de faire connoître aux autres ce qu'on croit être le feul à favoir, & j'efpère le prouver affez dans ce moment ; car fi j'ai eu affez d'empire pour arrêter ma plume fur des chofes infiniment curieufes & de la dernière importance, fur l'explication de certains fyftêmes & de certains projets qui fe développent chaque jour fous nos yeux, & pourtant demeurent encore un myftère, —fi j'ai eu, dis-je, cette réferve méritoire, on doit croire fans peine qu'il m'eût été bien facile de m'arrêter fur des détails infiniment moindres fous tous les rapports.

———————————

Le défir de donner promptement au Public
ce récit intéreffant & curieux, a décidé l'Editeur
à le publier en deux parties : la feconde eft fous
preffe, & paroîtra quinze jours après la première.
En même temps, pour fatisfaire à la jufte impatience que le lecteur éprouvera fans doute, après
avoir vu le commencement de ces Mémoires, l'Editeur a cru devoir tranfcrire ici les Sommaires qui
rempliffent la Seconde Partie, plus intéreffante
encore que la premiere, & cela doit être ; car,
dans un récit de ce genre fur-tout, l'intérêt re-
double à mefure qu'on approche de fa fin.

SOMMAIRES

SOMMAIRES CONTENUS DANS LA SECONDE PARTIE.

N

3

www.ingramcontent.com/pod-product-compliance
Lightning Source LLC
Chambersburg PA
CBHW052149090426
42741CB00010B/2193